逆臣
青木幹雄

Matsuda Kenya
松田賢弥

講談社

まえがき

「オレと一緒に手を組もう。そうすれば何だってできる。自民党だってどうにでもなるんだから。だからオレと組もう」

耳元でささやくようにボソッとこう語りかけ、人の感情の襞《ひだ》に入り込み、籠絡《ろうらく》させることを地できた男がいる。山陰地方の奥深い出雲《いずも》の国から出て、政治権力の中枢にまで登りつめた青木幹《みき》雄《お》その人である。

青木幹雄、74歳。終戦の年は11歳だから、兵役に服した経験はない。早稲田大学・雄弁会在籍時に同じ郷里、島根県出身の元首相・竹下登の知遇を得て、竹下の秘書から島根県議を務め、参議院議員に転身したのは1986年7月、中曽根康弘政権下の衆参ダブル選挙だった。竹下はその選挙後、自民党幹事長の任に就いた。

青木はそれから異例ともいうべき速さで権力の階段を登りつめた。

参議院議員に初当選からわずか10年余りで小渕恵三内閣の官房長官という政権のナンバー2に就任。それと前後して、二度にわたる参議院自民党幹事長、そして同じ参議院自民党議員会長の座に長きにわたって君臨してきた。

その隠然たる力をして、青木は「参議院のドン」と畏怖《いふ》され、参議院自民党は「青木党」、「青木王国」とすら揶揄《やゆ》される所以《ゆえん》だ。

小沢一郎率いる民主党が前回の参議院選挙（2007年7月）で勝利し、数で参議院の第一党になった。しかし、青木は死なない。むしろ青木に「ドン」であり続けてもらうことが、自民党権力存続の最後の象徴ではないか。

青木幹雄の事務所は、国会議事堂を裏から眺められる「秀和《しゅうわ》永田町TBRビル」の4階にある。主《あるじ》・竹下登が亡くなるやいなや、青木はその事務所を乗っ取り、竹下の座っていた椅子を奪い、わがもの顔でそこに座った。いま、夕刻ともなれば、そのビルの前に政治家、官僚らの黒塗りの高級車が列をなすという。

青木に会うためだ。青木は前回の参院選惨敗をうけて、渋々というべきか、参議院自民党議員会長の肩書を返上した。後任会長に就いたのは元厚生大臣の尾辻秀久《おつじひでひさ》だ。しかし、「ドン」青木からみれば、尾辻はただそこにいるだけの存在でしかない。尾辻は青木の数ある子飼いの中の一人であり、尾辻自身、青木詣でを欠かさず、青木の前では緊張して直立不動の姿勢だという。

青木の院政支配――。しかし、青木幹雄という男にどのような血が流れているのかを知ろうとする時、院政支配の顔はホンの一面でしかない。

逆臣――。最初は忠誠心があるような顔をして時の権力者の懐《ふところ》に入り、ゆっくりと主の力が弱まるような包囲網を敷き、一気にその「生命維持装置」をはずして、自身が主君の座を奪い取っていく。青木は相手が死ぬのを待っていたかのようにしてステップアップしてきた、「逆臣」の血を持つ男だ。

２０００年、二人の元首相が時をおかずに死んだ。小渕恵三と竹下登である。

竹下は死の直前、病床から政界引退を表明した。青木は40年前、その竹下の一介《いっかい》の秘書にすぎなかった。いわば、ひとかたならぬ恩義を持つべき主君である竹下のことを、青木は陰で何と言っていたか。

「竹下さんは、オレの言うことだったら何だって聞く。竹下さんは、オレの自由だ。いま、オレが政界から引退しろと言えば、言う通りに引退するさ」

竹下の直弟子《じきでし》・小渕はどうか。

小渕が脳梗塞《こうそく》で倒れ、順天堂医院に緊急入院したのは、２０００年4月のことだった。小渕によって官房長官に任命された青木は、この時何をしたか。

青木は国民に対し、すでに重篤《じゅうとく》な状態だった小渕の病状を「過労のために緊急入院」と偽り、「（小渕から）青木長官が首相臨時代理の任に当たるようにとの指示があった」と、真っ赤なウソをついたのだった。青木は小渕が生死の淵をさ迷っている時に、小渕の病に乗じて、自身が権力の中枢で采配をふるったのである。青木は子飼いの一人、森喜朗《よしろう》を首相に据えるための権力移譲のクーデターをやり遂げたのだった。

権力に執着する青木の行動はこれだけではない。青木は２００３年の自民党総裁選で、敵対関係にあった派閥・福田派の申し子だった小泉純一郎の軍門に降《くだ》り、いち早く「小泉支持」を表明したのだった。竹下が築いた派閥・平成研究会（平成研）を小泉に売ったも同然の青木の転向。この時、青木はこともなげにこう言い放った。

「オレが竹下とつくった派閥を、オレが壊して、いったいどこが悪い」

その総裁選突入の直後、長い間の盟友で竹下亡きあと派を支えてきた青木と訣別した実力者・野中広務《ひろむ》は、私にこう憤った。

「青木は権力の権化や。あいつに政治信条や理念があるはずがない」

「竹下さんの大物秘書だった青木伊平《いへい》さんが死んだ（１９８９年）から、青木が竹下さんの側近のような顔をして出てこられたんだ。そうでなかったら、とても出てこられるヤツじゃない」

しかし、青木は何を言われようと痛痒《つうよう》を感じていないに違いない。じつは青木にとっては、国家よりも、参議院よりも、派閥（平成研）よりも、自身の飽くなき権力欲を満たすことが第一なのだ。国民に真っ赤なウソをつくぐらい、青木にとっては愛用の煙草「チェリー」で煙を吐くぐらいのことでさしたることではないだろう。

血脈をたどれば、田中角栄の系譜に連なる竹下登とその派閥・平成研。青木は、角栄はいうまでもなく、竹下のブランドがまだまだ使えることを知りつくしているのだ。青木にとっては「竹下派」は瓦解《がかい》しても、「青木派」が残ればいいのだ。

その角栄の秘蔵っ子だった小沢一郎。47歳という若さで自民党幹事長に就いたのは1989年だった。その後、派閥の跡目争いで敗れた小沢は自民党を飛び出し、竹下派は分裂する。この時、小沢についていった参議院議員は、ほんの一握りにすぎなかった。竹下の意をうけた青木が中心になって押さえ込んだからで、小沢は参議院を切り崩せなかったことで、真っ青になったという。

青木が台頭してくるのは、この分裂劇からだった。いわば、小沢の手の内を知りうるのは青木だ。小沢はいま、前回の参院選で自民党との勢力を逆転させたことで、興奮状態にあるのか、命令一下、攻めの一手で押しまくっている。

小沢は、角栄や元自民党副総裁・金丸信《しん》の庇護《ひご》の下で育った政治家だ。いうなれば、座敷でメシを食ってきた男である。青木は違う。台所でメシを食い、人を籠絡し、骨の髄までしゃぶりつくしてきた獰猛《どうもう》な男だ。青木が参議院に網の目のように張りめぐらした人脈は、容易に崩れないだろう。小沢に歯が立つだろうか。

真っ正面から誰も書かなかった「逆臣　青木幹雄」。これほど、老獪《ろうかい》かつ怖ろしい男は、いままでいただろうか。「バッジをつけたフィクサー」ともいうべき男ではないか。

2008年6月

松田《まつだ》賢弥《けんや》

逆臣　青木幹雄◉目次

第3章　竹下家との確執——113

第4章　青木の罪状　161

逆臣　青木幹雄

〈写真提供〉

時事通信社

共同通信社

毎日新聞社

第1章　派閥の呪縛

金庫番を苦しめ、追い込んだ男

その男は、私の目の前で、いまにもあふれだしそうな涙を浮かべていた。青いシャツに木綿のパンツ、頭に白いキャップをかぶっていた。秋の午後の日射しが照りつける。その日射しをかわすような仕草でキャップに手をやり、つばで赤みがかった目を隠しながら、ポツリポツリと咽《のど》から絞り出すように語り始めたのだった。

「検事から、『政治家の秘書は、事件のたびに犠牲になってきた。後輩のことを思ってみろ。犠牲者をこれ以上出すようなことをするな。同じことを繰り返していいのか』といわれたのがつらかった」

「娘から、私が逮捕される直前に『お父さんは一人じゃない。お願いだから、本当のことを話して。自分一人だけを責めるようなことはしないで』と……」

男の名前は瀧川俊行《たきがわとしゆき》。取材当時（2005年）57歳。自民党の派閥・平成研（旧橋本派）の金庫番で、2004年7月に発覚した日本歯科医師連盟（日歯連《にっしれん》）の1億円ヤミ献金事件に関与した一人として、東京地検特捜部に政治資金規正法違反（虚偽記載または不記載）の罪で逮捕された。

それ以後、瀧川は頑《かたく》なまでにメディアとの接触を拒み、沈黙を守ろうとした。しかし今回、その瀧川が涙さえ浮かべながら、初めて胸の内を告白したのだ。

その悲痛な告白は後で詳述するとして、瀧川をこうも苦しめ、追い込んだのはいったい誰か。最大の責任者は前参議院自民党議員会長で平成研幹部の青木幹雄を措いて他にいない。事件の端緒になったこの1億円は、日歯連が２００１年7月の参議院選挙で、自前の職域代表として送り込んだ候補者のために、平成研の全面的なバックアップを得ようと渡した巨額資金だった。参議院で青木は候補者の公認権から、人事、カネ、票の配分まですべて握っていた。平成研にあって、その選挙の最高責任者はまぎれもなく青木その人だったのではないか。

青木の罪は問われなくてはならない。

00年7月、橋本派の総会に出席した瀧川俊行容疑者（永田町・自民党本部）

青木こそ、首相・小泉純一郎の「抵抗勢力」を装いながら、小泉と手を組み、衆議院の議場で自民・公明の与党で3分の2を占めるという自民党政権の一極集中をつくった陰の功労者だ。自民党を権力集中の構造に変えた責任者であり、水面下のキーパースンというべき存在である。しかし、彼はほとんどメディアのインタビューを受けず、露出することは少ない。彼の信条、政治手法はベールに包まれてきた。

頭角をあらわした「一介の秘書」

「私は土曜、日曜とかけて全国どこでも行くが、その土地でよく『青木さんは島根県ですね。島根のどこですか』と聞かれるんです。私が『出雲大社のある大社町《たいしゃまち》だ』と答えると、『エッ、出雲市じゃないんですか』とたいがいの人はそう言うんですなあ。その席で、『出雲市と大社町では隣同士だが、ちがう』と言わなくちゃならんのです。

私の大社町の実家の前は日本海で、年に一度、全国の神様が渡ってくるという言い伝えの稲佐《いなさ》の浜がある。その浜で、私は漁師の息子ですから、朝から暗くなるまで勉強もしないで真っ黒になって遊んでいた。実家のそばは、出雲から出た出雲阿国《いずものおくに》で知られる歌舞伎発祥の地なんです。大社町は今度、出雲市に合併され新『出雲市』となるが、私はその出雲市に住所のある唯一の国会議員なんです」

島根県出雲市の出雲市民会館大ホール。前の晩は耳をつんざくほど雷が鳴りひびく大雨にみまわれた出雲地方だったが、その雨もあがり、2005年7月2日午前9時半から開かれた新「出雲市」発足記念式典には、訛《なま》りのある野太い声で会場を沸かせながら挨拶する、濃紺のスーツ姿の青木幹雄がいた。東京ではマイクを向けられても、くぐもった声で一言二言しか話さないほど寡黙の男というイメージがつきまとっているが、この日は地元だという気安さからか、いつになく饒舌《じょうぜつ》で、満面の笑みをたたえていた。

しかし、青木幹雄の柔和な笑みの下には、とてつもない地顔が隠されているのである。

「逆臣」――。主君にそむく臣。主君を殺した臣。謀叛人の意だ（広辞苑より）。この男を語る時、これほどふさわしい言葉はない。

86年６月、参院選公示で青木幹雄候補の応援にかけつけた竹下登蔵相（島根県松江市）

いったん手に入れた権力を維持するためには敵に身を売ることもいとわない。昨日まで同じ釜の飯を食っていた同志の棲《す》む城が、敵の放った弓矢で炎上しようとも、ただ黙って眺めていられる男だ。青木の軌跡をたどるとよくわかる。

40年前、青木は元首相・竹下登の一介の秘書にすぎなかった。島根県議に当選したのは１９６７年。以後５期、20年近くにわたり、県議兼秘書として竹下の地元城代家老を務めた。ある県議は、当時の青木がこう口にするのを聞いていた。

「オレが忠誠を誓うのは竹下登だけだ」

青木が県議から参議院議員に転身したのは、中曽根康弘政権による衆議院・参議院ダブル選挙で自民党が大勝した86年。翌87年には竹下政権が発足した。しかし、リクルート事件が竹下を狙い打ちにした。89年4月にはその竹下の犠牲になるようにして、もう一人の青木、〝竹下の金庫番〟だった青木伊平が自殺をした。

竹下に寄り添う青木幹雄が頭角をあらわしてくるのはここからだ。参議院議員になってわずか3年後だった。

二人の青木は人口約1万6000人の小さな出雲大社の門前町、同じ出雲市大社町の出身にもかかわらず、「犬猿の仲」だった。伊平が死んだことで、青木は竹下の一番の側近になったのである。竹下はリクルート事件で辞任後も、最大派閥「竹下派支配」の頂点に君臨し、「数とカネ」のキングメーカーとして政権を操った。98年、竹下と師弟関係にあった小渕恵三が政権の座に就く。派閥の名称も、平成研究会（平成研）と改まった。

病室のクーデター

その小渕が官房長官兼沖縄開発庁長官に抜擢したのが青木だった。青木はすでに、参議院幹事長として「ドン」と呼ばれる存在ではあった。しかし、これまで参議院議員が就ける重職は、頂点をきわめたとしても参議院議長のポストで、政権ナンバー2の官房長官に就くのは、異例中の異例だった。県議から参議院議員に転身してわずか10年余にして回ってきた権力の椅子。竹下の威光が裏にあったことを勘案《かんあん》しても、青木にすれば、小渕もまた大恩人だったはずだ。

しかし、その小渕は２０００年4月2日、脳梗塞《こうそく》で倒れ、順天堂大学医学部附属順天堂医院に運ばれた。青木が「逆臣」というべき本性をあらわにするのは、この時からだ。

小渕の病室に入り、小渕と面会できたのは青木一人だった。その後も面会できた政治家は青木しかいない。情報を一手に握った青木は、その直後から、矢継ぎ早に情報操作を行っていく。まず小渕の病状を「過労のために緊急入院」（4月2日の会見）と偽り、「（小渕から）青木長官が首相臨時代理の任に当たるようにとの指示があった」（4月3日）と真っ赤なウソをついたのだった。小渕の病に乗じて、自身が権力の中枢で采配をふるおうとしたのだ。

さらに青木は、当時の森喜朗幹事長、野中広務幹事長代理、村上正邦《まさくに》参議院議員会長ら、いわゆる「五人組」とともに、東京・赤坂プリンスホテル５５０号室に秘かに集まり、小渕後継に森を選任するという、密室での権力移譲を図っていた。

恩義ある小渕への冒瀆《ぼうとく》――。本来なら国民に向け、国の命運にかかわる最高権力者の小渕の病状を粛々と伝えるべき補佐役の官房長官という要職にあるにもかかわらず、転がりこんだ権力を濫用した、クーデターともいうべき暴挙を何食わぬ顔でやってのける。

「逆臣」の本性があらわになるのはこれだけではない。青木の主・竹下は、直弟子・小渕の死がよほど身にこたえたのか、小渕の後を追うように、小渕の死から1ヵ月後の２０００年6月19日に亡くなった。青木は竹下が死んだとたんに、東京・永田町の議員会館裏手にある秀和永田町TBRビルの竹下事務所に、わがもの顔で居座るばかりか、竹下の残した「遺産」を乗っ取っていく。

竹下の遺産の最たるものは、田中角栄率いる田中派、竹下、小渕、橋本派と続く最大派閥の系譜の中で、数限りない権力抗争をくぐりながら築き上げてきた人脈・金脈（利権）だろう。その利権をめぐる抗争は系譜をさかのぼれば、「角福戦争」に行きつく。

田中角栄と福田赳夫の角福戦争は、1970年ごろから角栄の倒れる1985年まで続いた。自民党総裁の椅子をめぐる争いは1972年、福田が角栄に敗れる。そして6年後の1978年、福田は総裁予備選で、またしても角栄率いる田中派の支持した大平正芳に敗れるのだった。二度にわたった苛烈な権力抗争。福田が「天の声にも、変な声がある」と呟《つぶや》いたのはこの時だ。その田中の系譜の流れに竹下、小渕、橋本、福田に安倍晋太郎や森、小泉がいた。

ところが青木は、2003年の総裁選で、事もあろうに田中派以来敵対関係にあった派閥・福田派の申し子だった小泉純一郎の許《もと》に駆けより、誰よりも早く「小泉支持」を表明したのだった。

角栄があまたの権力闘争をくぐりぬけ、竹下や小渕らが手塩にかけ築きあげた平成研という派閥を、小泉純一郎に売り渡したといってもいい転向をやってのけた青木。野中広務は、青木の背信行為に怒り心頭に発し、私にこう吐き捨てた。

「あいつは権力の権化や」

青木の胸中にあるのは、角栄でも、竹下でも小渕でもない。ただひとつ、自身の獰猛なまでの権力欲を貪欲に満たすことだけだ。野中が青木をここまで言い切ったのは、小泉純一郎という最高権力者と一体となって、参議院議員会長の地位にしがみついたからだ。かつては「鉄の団結」を誇った派閥、平成研が凋落《ちょうらく》し炎上しようが、彼にとっては何ら痛痒を感じない。そして国民にとって不幸なことは、小泉と対抗しうる勢力がなくなったことである。青木は対立軸をなくす先頭に立っていたのだから罪は深い。

青木幹雄の歩みを追っていくと、何人もの死に出くわす。青木伊平、竹下登、小渕恵三と、人が死ぬ度に、自身が世に出るための重しが取り除かれたようにしてステップアップしてきた。

彼にはいったい、どんな血が流れているのか――。その根源に迫ってみたい。そのために私は一人の男を追い続けた。

自民党のタブーを話した

「もう、あらゆるところから、私に会いたい、会って話を聞きたいという申し入れが数え切れないぐらいあるんだ。知り合いのつてを頼ったりして。でも、いっさいしゃべらない。しゃべりたくないと断っている。私は何も語りたくないんだ……」

JR千葉駅から、銚子《ちょうし》方面に向かう総武本線の各駅停車に乗り換え、車窓にひろがる郊外の新興住宅地や田畑を眺めながら3駅目、四街道《よつかいどう》駅に着く。駅前からわずか1〜2分歩いただけで閑静な住宅街が連なる丘陵地帯がひろがる。なだらかな坂道をくねくねと歩いて、私は瀧川俊行に会った。2005年9月下旬のことだった。台風が伊豆諸島を暴風雨でつつみ込み、千葉も小雨混じりの強風が吹きつけていた。

瀧川は、強い風を避けるように木陰に立ち、煙草に火をつけた。顔は幾分、陽に焼けていた。背が高く、胸幅のひろい体型は屈強な印象を人に与えるが、黒くクリッとして大きい目はどこか親しみを感じさせた。

その目を見据えながら私は一息に問いかけた。

「自民党の橋本派だけがヤミ献金処理をしていたわけじゃないでしょう。小泉首相の出身派閥・清和会がヤミ献金に手を染めていないと、世間の誰が信じますか。信じていない。いまの自民党は内側から腐っている。そう思いませんか」

瀧川はこの問いかけにサッと険しい顔つきになり、ひとり言のようにこう呟いたのだった。

「私は、自民党にとってみれば、嫌なこと、しゃべってもらいたくないことをしゃべったんだろうな」

自民党にとって口が裂けてもしゃべってはならないことをしゃべった男――。平成研前事務局長で、派閥の会計責任者だった瀧川は、巨額なカネで汚れた自民党の隠された暗部を法廷の場であからさまに証言した。

永田町の常識と裏ガネ

瀧川が、日歯連から平成研への１億円ヤミ献金事件をめぐり、東京地検特捜部に政治資金規正法違反の容疑で逮捕されたのは、２００４年８月29日だった。ここで、特捜部の調べなどからこの事件を大筋で再現すると――。

２００１年の参議院議員選挙直前の７月２日午後７時、東京・赤坂の料亭「口悦《こうえつ》」で会食が開かれた。「口悦」は赤坂のオフィスビルが建ち並ぶ大通りから一歩奥に入った路地にひっそりと門を構えている。その会食の出席者は平成研から、橋本龍太郎元首相、青木幹雄参議院議員会長、野中広務元幹事長、日歯連側から臼田《うすだ》貞夫前会長ら２名の計５名だった。

席上、臼田前会長は、参議院比例選で再選を目指していた、元日本歯科医師会会長で平成研所属の中原爽《そう》参議院議員のために、派閥の全面協力を得ようと、橋本派への資金提供を決意。２００１年６月下旬に１億円の小切手を大手都市銀行で用意した。臼田はその１億円の小切手は封筒に入れて橋本元首相に手渡した。橋本は野中にその小切手を見せた。遅れて到着したのは青木だった。「いやいや、どうも遅くなりまして」と言いながら席についた青木に対し、橋本は小切手で1億円の献金をもらったことを告げた。青木は「どうも、どうも、ありがとうございました」と感謝の念を伝えたという。臼田は「中原をよろしくお願いします」と橋本らに依頼した。

その翌日、瀧川は橋本元首相から「はい、これ日歯から」と小切手を手渡された。瀧川はすぐに現金化したが、結局、政治資金収支報告書には記載しなかった。つまり1億円はヤミ献金、言葉を換えれば、表に出せない裏ガネとして処理された。それは瀧川の一存ではなく、派閥幹部会に諮《はか》った上でのことだったという。

その瀧川が、東京地裁の法廷に姿をあらわしたのは2005年1月。瀧川と同容疑で罪に問われた平成研元会長代理で、元官房長官・村岡兼造《かねぞう》の公判で、検察側証人として出廷したのだ。以後計5回、約20時間にわたり公判の証言台に立った瀧川は、自民党と平成研の暗部を証言した。以下、主だった証言の一部をざっと記すと――。

「選挙のカネは個々の候補者が表に出さないことが常識。秘書としてみていると、法定費用の中で選挙が行われることはないというのは永田町の常識だ」

「選挙には数億円のカネがかかる。平成研の場合、パーティ券の現金収入は毎年1億から2億円だが、これをプールし、選挙の裏ガネとして使っていた。日歯連からの1億円に加え、こんな大きな裏ガネが表に出たら非難が起こる。これだけは出してはいけないと思った」

「平成研の（政治資金収支報告書に）繰越金は20億円余りあると記載しているが、まったくちがう。実際は4億から4億5000万円ぐらいだ」

「平成研事務局長に就いた時、事務局から平成12（2000）年の衆議院選挙には選挙資金と氷代で7億円。参議院の氷代に1億円弱出たとの説明を受けた。毎年のモチ代や氷代は（自民）党から支給され、その時は派閥の事務総長が受け取りに行き、私はお供する。平成13年は夏（氷代）に党本部から6000万円、冬（モチ代）に6000万円だった」

「モチ代や氷代が支給される時、党本部の元宿《もとじゅく》仁《ひとし》事務局長に『（政治資金収支報告書に）記載しなくていいのか』と聞いたら、元宿事務局長から『政治活動費だから、派閥としては記載しなくてもいい』と言われた」

「（自民党の）最大派閥の経理に司直の手は入らないと思っていたのに、メスが入った」

瀧川は自民党の元宿事務局長に対し、日歯連から資金提供された1億円を「迂回《うかい》献金」の形で処理できないか、相談を持ちかけていた。瀧川は1月12日、検察側の第2回尋問で、検察から「（1億円の処理で）平成研以外の人に相談したことがあるか」と質《ただ》され、こう証言していた。

「元宿に相談した。平成研で1億円の領収書を発行しないと決めたが、日歯が『どうしても領収書を切ってくれ』という可能性があり、元宿に代案がないかと思い、『国政協（国民政治協会）かなにかで領収書を切ってもらえませんかね』と言った。元宿は自民党事務局長で長く政治資金を扱い、団体の人とのつきあいも深いので、断られたとき方法はないかと思い、知恵を借りに行った」

場所は東京・永田町の自民党本部・経理局長室。二人はこんな密談を交わしたという。

瀧川「平成13年7月に日歯連から1億円の献金を受けております。これは領収書のいらないものだと思っていたが、(日歯連から)発行の要請があって、(平成研の)幹部会に諮《はか》ったところ、発行を見合わせるようにということになり、もし(日歯連に)断られたら知恵はないですか。国政協の領収書でも切ることはできないですか」

元宿「そのカネ(1億円)はどういうふうに処理したんだ」

瀧川「平成研の口座に積み、その後、現金化して、平成研の経費として使っていた」

元宿「それでは、もう領収書は出せませんね」

瀧川「平成14年、15年に分散して数字を小さくして、平成研の領収書を切れないか。平成13年の参院選前に派閥に1億円の献金では、世間やマスコミから批判される。それを薄めるために14年とか15年に分けて受けたような形で領収書を出すことが可能か」

元宿「じゃあ、相談してみるよ」

驚愕すべき証言の数々ではないか。

なぜ瀧川は証言したのか

年間１億円から２億円の現金収入があるパーティ券はプールし、裏ガネに使った。年間１億２０００万円の氷代・モチ代は、自民党本部と相談し裏ガネにした。さらに、日歯連からもらった１億円にしても、国民政治協会を通じた「迂回献金」として領収書の発行ができないのか自民党本部に相談し、平成研の名前が表に出ないようにヤミ献金の工作をした——などと、平成研は自民党本部と一体となって、政治資金の透明性を確保するための政治資金規正法をまったく無視した裏ガネづくりを白昼堂々、繰り返していたのだ。このような違法、脱法行為が許されていいはずはない。

瀧川は一連の証言について、公判でこう吐露《とろ》した。

「私は、どんなにウソをついても見破られる、ウソはつき通せないと思った。検事から『真実と正面から向き合え』と何度も語りかけられた」

「証言の中で、特にパーティ券などの話をした。自分自身、30年間永田町にいたが、多くの仲間を失うことになる。信頼を損なったが、やむを得ないと思っている」

「平成研という最大派閥の経理に司直のメスが入り、いくつかの事実が出た。平成研がこうなった以上、苦心していると思うが、他山の石として問う、派閥運営の仕方が変わっていくと思う。いつまでも今の状態が続いてほしくない」

しかし、私は瀧川の証言にある違和感を覚えた。瀧川証言の内容にではない。なぜ、瀧川が自民党の屋台骨をも揺るがしかねない前代未聞の証言を、こうも赤裸々にする気になったか。何が彼をそこまで突き動かしたのか、その理由がはっきりしなかった。彼を心の底からゆり動かすものが何かあったのではないか。証言があまりに生々しかっただけに、何かがオリのように沈殿しているような気がしてならなかった。

とにかく、瀧川俊行という男に会わなくてはならない——。

瀧川が公判での証人尋問を終えたのは2月中旬だった。私は4月頃から、瀧川に会いたい旨をしたためた手紙を胸にしのばせ、東京から1時間以上かけて彼の自宅がある千葉県四街道市に通った。

小渕が生きていれば

瀧川の自宅の郵便受けに手紙を投函するだけの日が続いた。瀧川の家は四街道駅から10分ほどの郊外にあり、こぢんまりとしたたたずまいだった。いつも軒先に色とりどりの花が咲いていた。私の手紙への返事は梨のつぶてだった。桜の花は散り、坂の舗道のわきにひっそりと生けられていた薄紅色のツツジが一斉に咲くようになっていた。私は四街道駅のだだっ広いプラットホームに立ちながら、2000年5月に死去した小渕恵三元首相が眠る墓に参ってみようと思った。瀧川はその小渕に30年近くもの間、秘書として仕えていたのだった。

小渕恵三。私には決して忘れることのできない過去があった――。

私は小渕の死の直前まで、小渕と当時の首相秘書官・古川俊隆らのある疑惑を追っていた。NTTドコモ未公開株疑惑である。

その概要はこういうものだった。

１９９８年10月、ドコモ株が上場した際、わずか９人の個人株主のなかに、小渕の秘書官・古川俊隆と、小渕の実兄で群馬県中之条町《なかのじようまち》町長（当時）の光平の二人が入っていた。株価は二人の総額で75億円（２０００年２月中旬）。古川は当初、「頼まれて出資した群馬のポケベル会社（１９７２年10月設立）が二十数年経って現在のドコモになり、運がよかった」などと語っていた。

しかし、これは古川の詭弁《きべん》だった。

古川の未公開株には、真の所有者が存在していたのである。群馬県高崎市の小渕後援会の有力幹部、石井康元だった。しかし、石井は１９７４年、38歳の若さで急死していた。古川は小渕が竹下内閣の官房長官在任時の１９８８年、石井の遺族に何の断りもなく、石井名義の株を手に入れて、勝手に名義変更していたのだった。小渕は郵政族の「ドン」で、手に入れたドコモの未公開株が値上がり確実だというのを知りうる地位にいた。

私は、２０００年１月末の通常国会を睨《にら》み、小渕のNTTドコモ株疑惑を『週刊現代』に発表した。国会は冒頭から緊迫した。衆参予算委員会では、野党各党が一斉にドコモ未公開株疑惑の追及に乗り出し、古川秘書官の証人喚問と株式譲渡承認請求書、取締役会議事録などの提出を要求した。

「ドコモ株は売っていないのだから、濡《ぬ》れ手で粟《あわ》の利益を得たリクルート（事件）とは違う」

小渕は2月14日の国会答弁でこう弁明し、必死になって自身にふりかかったスキャンダルの火の粉から逃げようとした。しかし、実際はちがった。小渕の実兄の光平が1999年の1年間で保有するドコモ株の3分の1を売り、13億円もの売却益を得ていたのである。小渕は国民を欺《あざむ》いていたことになり、内閣そのものが吹き飛びかねなかった。

小渕が順天堂医院に運ばれたのは、私が町長の資産公開（1999年分）でわかった光平の13億円のドコモ株売却益を記事で発表する1ヵ月前、2000年4月2日のことだった。

瀧川からの初めての手紙

小渕の死の直後だった。夜遅く、野中広務は私に電話をしてきた。かすれがかった声でボソッとこう言うのだった。

「君が小渕さんを殺したんだ。たいした奴だ。総理の首をとってしまうんだからなあ」

総理の首をとったんだからな――。野中の放った言葉に私は一瞬、時が止まったように感じ、ザワザワとした悪寒《おかん》が背筋を走ったのをいまでも憶えている。

東京から新幹線でJR高崎駅に降り、そこから草津温泉の入口に向かうわずかな車両の吾妻線《あがつま》に乗り換え、のどかな吾妻川の川べりに沿うように約50分で着く小渕の出生地、群馬県中之条町。古くは子だくさんの貧しい農家の娘らを女工として使い繭《まゆ》から生糸《きいと》をつくる工場を営んでいた小渕の実家周辺を中心に、昼となく夜となく何度この町を歩いたことか、憶い出せないほどだ。私が命日（5月14日）の翌日に訪れた、林昌寺《りんしょうじ》の裏手にある小渕の墓には、白百合や白い菊の花などが、蕾《つぼみ》をふくめ約200本供えられていた。墓碑にはこのように刻まれていた。「小渕恵三は昭和十二年（一九三七年）六月、父光平、母ちよの次男として中之条に生まれる　国内外の平癒の祈りも空しく五月十四日悲運にも志半ばにして永眠す」

墓の後ろに真っ赤なツツジがこんもりと咲いていた。小渕の血。私は山奥まで駆けずりまわり、いつ果てるともなく小渕を追い続けていたあの日々に思いを馳《は》せ、言葉では言い尽くせない感慨にとらわれた。

小渕の墓を参ってきたことをしるした手紙に、間を置くことなく、瀧川は初めて返事を送ってきた。

「小渕さんのこと、私も14日には一人心中で合掌し、この5年の歳月を思い起こしておりました。『生きておられれば』の仮定の上で色んな想像は可能ですが、現実の政治の世界は『去る者日々に疎《うと》し』どころか、去ったその時から新たな現実が始まる社会だと思っております……」

万年筆で一字一句几帳面《きちょうめん》に書かれたこの文章を見ながら、私は思った。そもそも平成研とは、1992年、小渕の派閥会長就任以後につけられた派閥の名称だった。にもかかわらず、小渕が死んだら、小渕の守り続けた派閥はどうなってもいいとばかりに分裂していった。そこに絶望したからこそ、瀧川は証言したのではないだろうか。

しかし瀧川は、私と会うことを頑なに拒んだ。手紙から4ヵ月の月日が流れた。前に触れた9月下旬の瀧川との場面はようやく彼がじかに私と顔を合わせた時のことで、じつは青木参議院議員会長が、村岡の公判に証人として出廷する数日前のことだった。

私が瀧川に、青木が出廷することを告げると、玄関先で瀧川は言葉少なにこう漏《も》らした。

「青木さんに限らず、橋本、野中さんも（1億円の処理は）『知らん』と言うでしょうな」

青木ら3人のことは金輪際《こんりんざい》、口にしたくないという突き離したような、冷めた口調だった。

さらに、それから1ヵ月余り。2005年11月上旬、半ば今日も徒労かと思いつつも、諦め切れずに通いつめる私をどこかで見ていたのか、瀧川は私に会う気になったのだ。その日、瀧川は私が来ることを、なかば覚悟していたふうだった。

これ以上犠牲者を出してはいけない

――東京地裁では、日歯連から平成研への1億円献金をめぐる「政治資金規正法違反（虚偽記載もしくは不記載）」について、２００５年9月末から青木参議院議員会長、橋本元首相、野中元幹事長の3人の証人尋問があった。その公判を傍聴した私は、これが長きにわたり自民党の中枢に座って権力を操ってきた面々の姿かと、暗澹《あんたん》たる気持ちになった。

「あのようなものでしょう……。（証人尋問は）そうなるだろうと思っていた」

――1億円の献金を知らぬ、存ぜぬと認めないばかりか、平成研事務局長で会計責任者だった瀧川さん一人の「秘書の犯罪」に押し込めようとしていた。野中さんは、「（事件発覚後）瀧川君が私に電話をしてきて、『すべて私の一存で処理したことですから』と言った。が、裁判になると私らの名前を出してきた。最初とちがった。彼には裏切られた」とまで証言した。瀧川さんは最初、本当に一人ですべてを処理したと思っていたのか。

「最初はそうだった。『私の一存でやった』と言い張ろうと思った。事件発覚後、マスコミが（平成研の）事務所や自宅にバアーッと押しかけてきたので、（1億円の処理の）記憶をたどるどころか、そんな余裕はなかった」

――なぜ、考えが変わったのか。

「検事から『（日歯連前常任理事の）内田（裕丈）の所に行っていないか』と尋ねられてからだ

った。最初は内田に会いに行ったことがなかなか憶い出せなかったが、数ある名刺の中から内田の名刺が出てきた。で、その名刺が憶い出すきっかけになった」

——日歯連から1億円の献金があった翌年（2002年）、内田から「（1億円の）領収書を出してほしい」と要求され、平成研の拡大幹部会に諮った上、瀧川さんらが「領収書は出せない」と断りに行った時のことでしょう。その後、平成研の政治資金収支報告書に1億円の献金は記載せず、ヤミ献金で処理している。

私が瀧川さんに最も聞きたいのは、瀧川さんが知り得た事件の一部始終、言い換えれば派閥の暗部をなぜ公判で証言する気になったのか。

瀧川さんは公判で、「検事から『真実と正面から向き合いなさい』と何度も語りかけられた。ウソはつき通せないと思った」と述べている。その動機、瀧川さん自身の内的理由です。なぜですか。

「私が（2004年8月に）逮捕された時、検事から『政治家の秘書は政界の事件の度に秘書が、秘書が、と言われて犠牲になっているじゃないか。これ以上、後輩のためにも犠牲者を出さないように考えられないのか。同じことを繰り返していいのか』と言われて、その言葉にグラッときた。胸にこたえた……」

瀧川はこの時、宙を見上げたり、煙草に火をつけたりとどことなく落ち着きがなかった。その目には涙が滲《にじ》んでいる。感情が昂《たかぶ》っているのがわかった。

在りし日の小渕の笑顔

——秘書の犠牲というと私は、青木伊平さんのことを憶い出す。伊平さんは竹下元首相の30年来の秘書で金庫番。しかし、リクルート事件で疑惑追及の標的になった竹下の犠牲になるようにして1989年4月、自殺した。瀧川さんは逆だ。自民党や派閥の暗部をおおやけの場で証言した。伊平さんのことが頭をよぎったか。

「もちろん、青木伊平さんのことは頭にあった。頭から離れなかった。ただ何よりも、検事から後輩のことを思ってみろ、犠牲者をこれ以上出すなと言われたのがつらかった」

——でも、いちばんつらかったのは家族じゃないですか。家族は瀧川さんに何か言ったのか。

「逮捕が近づいた時だった。長女が『お父さんは一人じゃない。お願いだから、本当のことを正直に話して。自分一人だけを責めて、自分だけの責任にするようなことはしないで、すべて話して』と言ったんだ……。娘のあの一言は大きかった……。大きいものだった」

瀧川は言葉に詰まりながらそう語った。長女に懇願されたのは逮捕前夜、妻と娘二人と食事をした時だった。

——逮捕され、勾留されている間は何を思ったのか。

「やはり、検事と毎日向き合っているのだから、懸命になって（1億円の処理のことを）憶い出すことと、後輩のためにも犠牲者を出してはいけないという思いだった」

瀧川が何度目かの涙を見せた瞬間だった。

瀧川は、検事からこれ以上、政界の事件のたびに秘書の犠牲者を出していいのかと諫《いさ》められたことを口にした時と、長女から自分だけを責めるようなことはしないように懇願されたことを話し出した時、言葉に詰まり、うつむきかげんに下を向くのだった。目から涙があふれそうだった。なかでも娘のことでは黙っていると、いまにも嗚咽《おえつ》を洩らしそうな雰囲気だった。検事と身内の娘のこの二つの言葉が、彼を突き動かした——しかし、それだけだろうか。

瀧川は小渕の死後、わずかな空白期間を置いて平成研事務局長に就いた。そして2004年7月、日歯連の1億円ヤミ献金事件に遭遇した。佐賀県唐津《からつ》市の出身で、その半生を秘書という黒子として勤めあげてきた瀧川が、師・小渕から得たものは何だったのか。彼が見た、自民党の最大派閥を誇った平成研とは何だったのか。

——瀧川さんにとって小渕さんはどのような存在だったのか。

「こんな場面があった。小渕さんが自民党幹事長になった時のこと、二人で差し向かいになる時間があって、私が小渕さんに『とうとうここまで来ましたね』と声をかけたら、小渕さんは満面の笑顔で頷きながら、『うん』とだけ言ったんだ。本当に嬉しそうだった。忘れられない顔だ」

在りし日の小渕を語る時の瀧川は、事件に触れた時とは打って変わり、饒舌ですらあった。

今日ですべてが終るさ

――どうして小渕さんの秘書になったのか。

「(早稲田大学の)先輩から、『おい、小渕さんのところで秘書を募集しているぞ』と聞いてね。(出身地の)佐賀には保利《ほり》茂さんがいるんだけど、あまりに偉すぎて行く気にはなれなかった。それで、小渕さんの所に1週間ぐらい身を置くつもりで行ったんです。

いまから思えば、小渕さんは私を試していたんでしょう。まず私に葉書を書かせて、それを見て小渕さんは、『おい、瀧川君、そのような書き方をしていたら、相手の方に失礼にあたるよ』と注意してくる。それと当時、小渕さんのところに行こうにも、私はカネもなく背広も持っていなかった。先輩から借りた背広を着て行った。で、私が背広の前のボタンを外していたら、いつもボタンをしっかりとはめていた小渕さんがこう言うんです。『君がこれからどこに行き、誰に仕えるのかはしらないが、目上の人と会う時は、ボタンをはめているものだぞ』と。その言葉は忘れることができない。それからだ。1週間の腰掛けのつもりが(小渕)事務所にずっといることになった」

瀧川は在りし日の小渕を、昨日のことのように懐かしむのだった。群馬県中之条町出身の小渕は田中派に所属し、地元では元首相の中曽根康弘、福田赳夫という二人の大物実力者に挟まれ、「ビルの谷間のラーメン屋」と陰口をたたかれた。

——小渕さんが高崎市に事務所を持ったのは、当選回数を重ねてからだ。瀧川さんが秘書になったころは高崎に事務所があったのか。

「なかった。(事務所は)渋川市にあった。小渕さんが陰で、どんなに『ビルの谷間のラーメン屋』と揶揄《やゆ》されても、私は小渕さんのところに行ったことを後悔しなかったし、いまも決して後悔していない」

小渕の後援会古参幹部は、あるとき角栄が直立不動の小渕に対し、大きなダミ声でこう叱咤するのを憶えていた。場所は高崎駅の駅長室を借りてのことだった。

「何が中曽根、福田に挟まれた『谷間のラーメン屋』だ。そんなことを言われて、どうのこうのしているヒマがあるのか。そんなヒマがあるなら郷里を歩け。どこに川が流れて、どこで何の作物がとれるのか。水捌《は》けは大丈夫か。土は痩せていないか。肥料はあるのか。どの山の、どこの家族には何人子供がいて、働き手はどうなっているのか。歩け。その足で歩いて見て来い」

——その小渕さんが亡くなった時、瀧川さんは何を思ったのか。

「亡くなった日のことだった。泉谷《いずみや》しげるという歌い手さんがいるでしょう。彼の曲(『春夏秋冬』)の中に、〝今日ですべてが終るさ〟という歌詞があって、そのメロディーが私の頭の中を繰り返し流れていたんです」

——泉谷しげる、ですか。

「そう、あの、今日ですべてが終るさ、今日ですべてが終るさというあのメロディーが頭の中をグルグルと一日中、駆けめぐっていた……。今日ですべてが終るさ、だった……」

涙を浮かべた瀧川の口から唐突にも、泉谷しげるの曲を口ずさむかのようにして、「今日ですべてが終るさ」という言葉が出た時、一瞬、私はとまどった。同時に、瀧川の心象風景に触れた気がした。

団塊の世代にはなじみ深いこの歌を、彼もまたどこかで、その青春の日々に自らの半生を重ね合わせて聴いていたのか。小渕が息をひきとったのは東京・御茶の水の順天堂大学医学部附属順天堂医院。その病院の暗い廊下でうなだれるように長椅子に腰かけ、肩を震わせていつまでも嗚咽を漏らす瀧川の姿が脳裏に浮かんできた。

小渕の死を目《ま》のあたりにして『春夏秋冬』のフレーズが頭のなかを駆けめぐったという瀧川。青年期、団塊の世代から少なからぬ影響をうけて育ったことを彷彿《ほうふつ》とさせた。1948年生まれの泉谷しげるがセカンドアルバム『春・夏・秋・冬』をリリースしたのは1972年だった。

中学を卒業したばかりで、15歳にして地方の農村から東京や大阪などの工場、商店に集団就職した「金の卵」と呼ばれる子たちがいた。私はその子たちを見送りに、東北本線の駅まで行った記憶がある。男の子はいちようにツメ襟の学生服の上に新調したばかりの白っぽいコートを着ていた。ソデが長く、手首まで隠れていた。女の子は髪を三つ編みにし、リンゴのように頬は赤く染まっていた。

佐藤栄作政権だった。1968年1月、米原子力航空母艦エンタープライズが長崎県佐世保港に入港。エンタープライズは核兵器を装備した艦であり、ベトナム戦争の主力空母だった。佐世保の街は反対運動につつまれた。3月、南ベトナムのソンミ村ミライ部落で、米軍による村民大量虐殺事件が発生した。

1969年1月、東京大学の要請を受けた警視庁は、東大本郷構内・安田講堂の封鎖解除のため機動隊8500人を導入した。このころ、「東映任侠映画」は一世を風靡。鶴田浩二の『博奕《ばくち》打ち』、高倉健の『昭和残侠伝』『網走番外地』、藤純子の『緋牡丹博徒』などのシリーズが続出。

1970年3月、大阪府千里《せんり》丘陵で日本万国博覧会（エキスポ'70）が開かれた。広さ330万m²の会場の中心には、万国博のシンボルとなった岡本太郎制作の『太陽の塔』が建てられた。183日の開催期間中に約6421万人が入場。連日長蛇の列だった。

佐藤首相の辞任を受けて、田中角栄が自民党総裁選に立候補するにあたり、政権構想『日本列島改造論』（日刊工業新聞社）を発表したのは1972年6月。80万部以上のベストセラーになった。翌7月、総裁選で決選投票の末、福田赳夫を282対190で破った田中角栄が総裁に就き、田中政権が発足した――。

小渕が病院に運ばれてから、野中はしきりに、小渕が倒れたのは自由党党首・小沢一郎が自自連立の存続問題で小渕を責めたてたからと、小沢を非難していた。が、私はNTTドコモ未公開株疑惑で小渕を追っていた矢先のことだけに、野中の言葉が腑に落ちず、違和感を覚えてならなかった。瀧川に聞いた。

――何が原因で小渕さんは倒れたのか。

「原因か……。ただ（小渕の）息子（長男）は、小沢一郎さんの責任と思っていたようだ。小沢さんが小渕の葬儀に来た時、息子は目を見開いて小沢さんを睨みつけていた。その姿を見た野中さんが、『なかなか見どころのある息子じゃないか』と言っていたのを憶えている。

小渕さんという人は、上へ上へという欲が人一倍強い人だった。かつて橋本龍太郎が自民党総裁選に出た時だって、『なぜ、オレより先なんだ』と悔しがった。彼はその悔しさをバネに、エネルギーにして生き、死んでいったんだ」

小渕は書生らを東京・王子の自宅に住み込ませ、直接、秘書の修業をさせていた。秘書には冠婚葬祭のために礼服を買い与えた。その小渕が一から鍛え上げた秘書を、平成研の青木、橋本、野中ら小渕と苦楽を共にしてきた幹部は、誰一人として庇《かば》い立てしようとしなかった。

――瀧川さんは仕えた小渕さんが亡くなり、他の国会議員に身を寄せるようなことは考えなかったのか。
「まったく考えなかった。仕えた議員が死んで、あるいは落選して次から次へと議員が替わっていく秘書の姿を何人も見ているから。私は嫌だった。小渕さんで終わりだった。もし、小渕さんがあと一年、生きていたら、私自身、いまのような状況に立つこともなかったでしょう。運命は運命。私が小渕さんのところに行ったのも運命、平成研（事務局）に入ったのも運命。その度ごとに行くべき道を私が選んできたんだから」

病室の真相

問題は青木幹雄である。先述したように小渕が順天堂医院に緊急入院してから、官房長官の青木幹雄は「小渕首相から首相臨時代理の任にあたるようにと指示があった」と述べた。小渕が本当に言葉を発せられる状況か、きわめて疑わしいにもかかわらずだ。

私の取材に平成研元幹部は、「青木さんは首相臨時代理に就くことについて、小渕千鶴子夫人にひと言も相談していなかったらしい」と漏らしていた。私は意を決して瀧川にこう聞いた。

「小渕さんの入院当初、千鶴子夫人は、首相臨時代理の任の指示を受けたと言う青木を見て、『青木さん、あんまりだ』と怒ったという話があります。小渕さんは本当は、言葉が話せなかったのではありませんか」

瀧川は反射的にこう口にした。「そりゃあ、そうさ……」。しかし、あわてて言い直した。「というか、私は当時、病室に近寄らなかった。いつも廊下で待機していた。小渕さんの苦しんでいる姿や顔を見たくなかったものですから」

私にはその場を言い繕《つくろ》っているようにしか聞こえなかった。30年来の秘書が、病室の刻一刻の変化を知らぬはずはない。とっさに瀧川が口にした「そりゃあ、そうさ」という言葉は、私の中でひっかかったまま残った。

瀧川は何を口にしようとしたのか。そしてなぜそれを押しとどめたのか。

――瀧川さんは検察の取調べを受けながら、１億円のヤミ献金事件で罪に問われるのは、平成研で瀧川さんと、派閥幹部では元官房長官の村岡さんだけになると思っていたのか。

「いや、全然思いもしなかった。（東京地検特捜部は）もっと大きくやっていくのかと思っていた」

庭先の土を踏みながら、何のためらいもなく語った。青木も罪に問われることを考えていたかのようなニュアンスの口振りだった。

――特捜の現場の検事らには、なぜ中途半端にするのかという不満が鬱積《うっせき》しているそうです。

「…………」

秘書は「見ない、言わない、聞かない」

日歯連事件では迂回献金の存在が明るみに出た。業者が自民党の政治家に献金する際、国民政治協会から自民党本部を経由して政治家に献金する仕組みだ。このカラクリだと、国民政治協会でマネー・ロンダリングされ、業者と政治家に癒着関係があっても、その線が消える。政治家は党本部からカネを受けとっているように装えるわけだ。政治資金規正法の抜け穴だ。

——迂回献金は日常的にやられているのか。

「日常的という言葉がふさわしいかどうかは別にして、よくやられていることだろうな」

——いまや、小泉自民党に反旗を翻《ひるがえ》す派閥はなくなった。青木幹雄は小泉と一体となって政権を支え、平成研は小泉の補完勢力のような存在になった。これでいいのか。

「……もう、小渕さんのような政治家は出てこないだろうな」

私には瀧川の心の葛藤《かっとう》がうかがえた。

何度も感きわまって、目に涙を浮かべる感情の起伏を見せた。また何本も煙草に火をつけては、間を取りながら口にすべき言葉を選んでいるのがわかった。

無理もないのか。自身の会長就任とともに名称を変更した派閥のために、小渕がどれほど心血をそそいだかに思いを馳せると、平成研の内情を名前をあげて洗いざらい語ることは、小渕と瀧川自身の否定につながりかねない。その呪縛を、いまもってかかえているのではないか。

瀧川は裁判官から尋問され、このように答える場面があった。
裁判官「秘書の心構えは何ですか」
瀧川「有権者、後援者のために汗を流す。あとは見ない、言わない、聞かないです」
裁判官「では苦労とは」
瀧川「秘書は徒弟制度のようなもので、先生が何か言えば最善を尽くさなくてはならない。つらいのは、選挙区の人から文句を言われ、先生から理不尽なことを言われることがあり、板挟みになって、家庭を犠牲にしてがんばらなければならないことです」

青木の法廷証言

２００４年7月、このヤミ献金事件が発覚後、瀧川が板挟み状態になったことは想像に難くない。平成研の幹部らに裏切られたとの思いもあったろう。２００５年9月27日、東京地裁の法廷で村岡の弁護側から証人尋問された時の青木の言葉を聞いた私は、瀧川がそう思って当然だと実感した。
弁護側「派閥の会計についてだが、平成研の幹部会で今年はいくら集め、支出をどうするかを話したことは」
青木「私の記憶ではない。パーティ券をこのぐらい売るとかの話をしたことはある」

弁護側「資金の報告はないのか」
青木「ない。知らない」
弁護側「平成13年、14年の事務局長は」
青木「瀧川君だ」
弁護側「瀧川証言では幹部会に細かく記して提出したと」
青木「私の知る限りではない」
弁護側「選挙でこのぐらい足りないとか」
青木「よくわからない。報告は1回もない」

さらに青木はこうも語った。

「日程表は1年間で膨大な量になるので、1年前までは保管しているが、それ以前はシュレッダーにかけて廃棄している。記憶を甦らせようにも、甦らせようがない」

証人として出廷した青木は「シュレッダー」まで持ち出して「記憶にない」と居直るのだった。

青木が東京地裁刑事104号法廷に姿をあらわしたのは午後1時15分。濃紺のスーツに黄色の地に水玉模様の入ったネクタイを締め、顔は土気色で疲れているようだ。

青木への証人尋問は3時間近くに及んだ。最後になって川口政明裁判長は、「青木さんにひとつ聞きますが」と前置きし、質問し出した。が、ひとつどころか青木のまるで他人事のような答弁に苛立《いらだ》ち、「青木さんの立場からいって常識的にありえない」と間髪をいれずに突っ込む場面があった。

裁判長「01年7月2日の東京・赤坂の料亭で、1億円の小切手の授受はあったかもしれないと否定はしないのか」

青木「後から皆さんが認めている。私は憶えていないが、皆さんがそう仰しゃるのであれば、(授受は)あったということでしょう」

04年9月、保釈され東京拘置所を出る
日歯連の元会長・臼田貞夫被告

裁判長「日歯連元会長の臼田さんは『青木さんは料亭での会食に少し遅れて来て、橋本さんから青木さんに耳打ちがあった。すぐに青木さんは『どうもありがとうございました』と礼を言ったと(臼田は)証言している。1億円は大きな金額だ。常識的に忘れたとは考えられない」

青木「臼田さんがどう言ったかは知らない。ただ、私が仮に(派閥の)会長なら派の人間に礼を言うように指示するが、橋本さんの性格上、礼を言うような指示をするということはありえない」
裁判長「派閥の事務所に（1億円を保管の）金庫の存在を知っていたか」
青木「知らない。私は事務所にあまり入らないから」
裁判長「知っていたのか、知らなかったのか」
青木「まあ、金庫があるぐらいのことは知っていた。SPが3〜4人休めるような場所だったから知っている」
裁判長「派閥のカネのことは大事なことだ。キチッとみんなで管理していても、最終的に誰かがカネの扱いを決定しなくてはならない。1億円の授受のあった01年の7月には参院選があった。青木さんがカネの扱いに関与していなかったとは常識的にありえない」
青木「常識的にはそうでしょうが、まったく憶えていない」
裁判長「ならば、誰がカネの扱いを決めるのか」
青木「私に聞かれてもわからない」
裁判長「では、誰に聞けばいいのか」
青木「(平成研事務局長の）瀧川君が（1億円の扱いを）誰に相談したかだ」
裁判長「派閥の事務総長だった野中（広務）さんか」
青木「私はよくわかりません。責任逃れをしているのではないのですが」

裁判長「02年3月の派閥の幹部会では、日歯に1億円の領収書を出さないことを決め、政治資金収支報告書にも（1億円の）記載をしなかった。記載しないのは犯罪だ。青木さんは犯罪共謀者になる。そのことを知っていたか」

青木「知っている」

裁判長「憶えていない、あるいは思い出せないということは（1億円の授受が）無かったということにはならない」

青木「（平成研）橋本会長が1億円を受け取り、（政治資金収支報告書に）届け出ていなかったことを知ったのは昨年の参院選後だった」

裁判長「後に知った時点で、そのカネは何のために献金されたのかと考えたことがあったか」

青木「あまり考えなかった」

裁判長「どうして考えなかったのか」

青木「関心がなかったから」

派閥の幹部が資産状況を知らないとうそぶく。参院選直前の1億円のカネが、何のために献金されたのか考えたこともないという。誰がそんなウソを信じるというのか。

竹下の死後、竹下の遺《のこ》した人脈、金脈を継承し采配をふるってきたのは当の青木ではないか。私は傍聴していて、鉄面皮《てつめんぴ》でシラを切り通す青木の冷血さをひしと感じた。

そもそも、赤坂の料亭「口悦」での会食からして、日歯の臼田がその場への出席を望んでいたのは派閥会長の橋本はもちろんだが、もう一人、参院選の総元締である青木に来てほしかったのだ。言い換えれば、青木がいたからこそ意味をもつ会合だった。

真相を口にすれば小渕家に傷がつく

青木の名前があがるのは、2005年5月11日の村岡の第10回公判。臼田に対する弁護側反対尋問の場だった。臼田はこう証言した。

——01年7月2日に「口悦」で会食した件だが、元宿氏にセットしてもらったようだが、なぜ元宿氏に依頼した？

「橋本（龍太郎）氏と私との仲を心配する人がいた。本来、中原（爽・参院議員）にお願いすべきだと電話したが梨のつぶてで、連絡がなかった。なら、元宿さんに頼もうと思い、橋本氏との会食やら『青木さんには出てもらいたい』旨などを申し上げ、日程の調整は任せると言って依頼した。01年5月ごろだと思う」

——元宿が会食自体、発案したのか？

「私の方で頼みました」

青木は2001年7月2日、「口悦」に行ったかどうか定かでないと口を濁した。繰り返しになるが、日歯連は目前の参院選で自前の職域代表の候補者を当選させるため、平成研の協力を得ようと1億円を渡したのだ。その選挙の指揮官は青木だ。青木が出席したからこそ「口悦」の会合は成り立った。青木が不在では意味がなかったのである。

「青木さんは『会合に出席したかどうか心当たりがない』と言うが、それ（会合）を憶えていないはずはない」

事件発覚後、こう主張してやまないのは鈴木宗男（現新党大地代表）だ。宗男によると、2001年7月2日の夜、宗男は青木と東京・赤坂にある高級料亭「清水」で会合をもっていた。同席していたのは衆議院議員・松岡利勝である。宗男は私に言った。

「竹下（元首相）さんが、『おまえら3人、仲よくやったらいい』という口ききで集まるようになった。3ヵ月に1回の割合で定期的に酒を酌み交わしていた」

「清水」の会合は午後6時から始まった。ところが、宗男の記憶では午後7時半ごろ、青木は中座した。宗男は青木がこう口にしたのをいまでも鮮明に憶えているという。

「橋本会長を待たせているので、お先に失礼しますわ」

なぜ、こうも印象に残っていたのか。宗男は語った。

「青木さんは2時間なら2時間、キチッと座っている人です。私の体験では、中座したことがない。青木さんが飲むのは、いつもコップ酒。キチッと席にいる青木さんが、橋本会長を待たせているからと中座したのだから憶えている。参議院選挙を真近に控えていたからね」

その「清水」を出た青木は、車で5分とかからない別の料亭「口悦」に向かったのだろう。だから青木は「口悦」の会合に遅れて着いたのだ。

瀧川は、当初、自分の一存で処理したといって被ろうとした。「見ざる、言わざる、聞かざる」という秘書の呪縛。よほど思いつめていたのではないだろうか。

瀧川は何度か、「後輩のために犠牲者を出してはならないと思った」と語った。この場合の犠牲者とは青木伊平のような自殺が頭にあったという。もしかしたら、瀧川は一人、死ぬことすら頭をよぎったのではないか。後輩のためにと言いながら、そのじつ自分のことを言っていたのではないか——。私はそのように感じたりもした。

瀧川は私が会釈して帰ろうとしたら、キャップを手に取って「ありがとう……。ご苦労様でした」と言い、深々と頭を下げるのだった。

その姿にはある清々《すがすが》しさすら感じた。

前述した小渕の墓参りに向かうJR吾妻線の車中で、私は東京新聞（05年5月15日付）に出ていた記事で瀧川にまつわるエピソードを知った。

それは、瀧川が映画『ゴッドファーザー』の中で、名優ロバート・デュヴァルが演じたマフィアのファミリーの顧問弁護士が好きだというものだった。

日歯連の1億円ヤミ献金事件は、角栄から竹下、小渕、そして橋本へと、自民党最大派閥ゆえに、ある意味、思いあがった派閥が辿らなくてはならない事件ではなかったか。瀧川はその派閥を『ゴッドファーザー』のファミリーになぞらえていたのだろうか。最後に私は瀧川に、ロバート・デュヴァルが演じた役柄が気に入っているのかと聞いた。瀧川はポツリと語った。

「好きです……昔から」

知りえたことは墓場まで持っていく秘書の呪縛。瀧川はロバート・デュヴァル演じる顧問弁護士に自らの半生を重ね合わせていたのだろうか。

帰路につきながら、私にはひっかかることがあった。瀧川が口ごもったのは一点、青木と小渕の病室の場面に話が及んだ時だった。やはり瀧川は、青木が小渕の深刻な容体を目の当たりにしながら、死の淵にある小渕の名前を使って権力に執着したことを、いまもって許せないでいるのではないか。しかし、その死の真相を口にすれば、娘の優子と小渕家が傷つく。瀧川は小渕の無念を晴らそうとして、自民党と平成研の闇を証言し、すべての清算をしようとしたような気がしてならなかった。

伊平が残した一文

瀧川は秘書という職業の呪縛に苦しみながらも、口にしうる限りの自民党の暗部を証言した。

反面で、青木伊平は沈黙したまま死んでいった。私はどうしてもこの二人を対比してしまう。

青木伊平が自殺したのは1989年4月26日だった。伊平、58歳。翌日の地元紙『山陰中央新報』(89年4月27日付)は、自殺の現場をこう報じている。

「(略)同日(四月二十六日)午前十時すぎ、東京都渋谷区代々木四―二二―一、ニュー代々木マンション六〇一、青木伊平方六畳間の寝室で、青木氏が首をつっているのを妻の令(れい)さん(五三)が発見した。渋谷消防署員が駆け付けたところ青木氏は既に死亡していた。

代々木署の調べによると、青木氏は、左手首を切った上、ネクタイと腰ひもをつなぎ窓のカーテンレールに掛け、首をつっていた。まくら元には血の付いたカミソリがあった。青木氏はパジャマ姿でダブルベッドを背に、座り込むような格好で死んでおり、左腕の十七ヵ所にカミソリ傷とみられる跡があったことなどから同署は、カミソリで手首を切ったが死に切れず、ベッドからずり落ちるようにして首をつって自殺したとみている。死亡推定時刻は二十六日午前八時半。

(略)」

当時リクルート事件で、竹下登の周辺に株譲渡やパーティ券、借入金の名目で総額2億円にのぼる資金提供のあったことが次々と発覚し、竹下が総理の辞任を表明、青木伊平の自殺はその翌日のことだった。リクルートからの資金提供の大半は伊平個人の名義で、伊平は連日、東京地検から事情聴取されていた。

自殺の数日前、伊平は経世会（竹下派）会長の金丸信を訪ねている。金丸に憔悴《しょうすい》しきった彼にこう言葉をかけたという。

「竹下が総理になれたのも、あなたがいたからじゃないか。絶対気を落としちゃダメだよ」

伊平は頭を下げたきり絶句、男泣きに泣いたという。

それから私は何度となく、出雲市大社町にある伊平の墓碑の前に立った。

89年４月、竹下首相の元秘書・青木伊平氏葬儀。遺影と共に運び出される青木氏の棺（東京都港区芝・増上寺）

伊平の墓碑は実家のすぐそばにひっそりと建てられていた。墓石には「青木家累代之墓　平成元年十二月　青木令建之」と刻まれていた。夫人の青木令は、出雲から南下し車で広島との県境付近まで2時間近く走った所にある集落、飯南町赤名《いいなんちょうあかな》の出身だった。

墓の近くの小さなトタン屋根の下に、前かけをした二十近くの地蔵が祀《まつ》られていた。遥か後方に地元の人が「弥山《みせん》」と呼ぶ、なだらかな山並みが見える。その麓《ふもと》が出雲大社だ。

伊平が死んでまだ日の浅いころだった。私は地元の高校で夜間警備の仕事をしていた伊平の実兄を訪ねた。兄は眉間にシワを寄せた悲痛な顔で私を睨み、こう激昂したのだった。

「伊平がなぜ自殺したかって、そんなことわかるわけないじゃないか……。そんなに知りたかったら伊平の墓を何度でも気のすむまで掘り返したらいいじゃないか！　竹下のことは……ワシは知らん」

震えをおびた怒鳴り声は、シンと静まり返った夜の校舎の廊下に響きわたった。その場面はしばらく私の脳裏から離れなかった。

「何で竹下のために死ななきゃならん」

１９９２年暮れのことだ。当時、１０２歳の伊平の父親は不自由な足をひきずりながら、ゆっくりと息子の墓に通いつめていた。長身で痩せ細っていて、耳が少し遠かった。父親は墓の前に立つ私に、口元をゆがめ、わずかに微笑むだけだった。近所の住民はこう呟いた。

「父親は一日に4〜5回、伊平さんの墓に足を運び、桶で墓に水をかけ、掃除をするのが唯一の日課になっているようです」

何もしゃべらない伊平の父親ではあったが、その胸中では傍《はた》からはうかがい知れない感情を押し殺していたようだ。伊平の高校の同級生はこう語った。

「リクルート事件のころ、伊平の顔がテレビに映るたびに、伊平の父親はテレビに向かって『こら、伊平！　おまえは、また何か悪いことをしたのか。伊平……』と叫んでいたんです」

この父親の「また」という言葉の意味するものは小さくない。以前から伊平は、竹下のために少なからず手を汚していたことを、父親が承知していたことを示唆しているからである。

竹下の生家がある掛合町に住む古老はこう語った。

「〝平さん〟が自殺した時、父親は『ウチの息子が死んだといって、何で竹下のために死なにゃならん。死なきゃならんの。あんまりじゃ』と誰にともなく一人ごとのようにいつも話していたらしい」

同級生によると、伊平は色白でポチャッとした背の低い子だった。戦時中旧制大社中学（現大社高校）の伊平の同級生は200名。伊平ら150名は宍道湖《しんじこ》のそばの工場で魚雷製造、残り50名は安木の部品工場に勤労動員されていたという。

終戦から4年後の1949年に旧制大社中学を卒業後、上京して明治大学工学部を卒業。島根選出の故・高橋円三郎《えんざぶろう》自民党衆議院議員、故・小滝彬《こだきあきら》自民党参議院議員の秘書を経て、1958年、初当選した竹下の秘書になった。

伊平の兄と会ったころ出雲で訪ねた元町議の古老はシワだらけの顔に涙をうかべながら、在りし日の伊平を偲《しの》び、こう述懐した。

「竹下事務所に陳情するために東京に行く時は、夜行で寝台（列車）の『出雲』に乗るんですわ。夜8時に松江駅を出て、東京に朝の6時に着く。東京駅で立ち食いソバとか、カレーがあるけんねえ。それを腹に入れてから、日比谷に向けて歩いて、首相官邸から坂を下り左に曲ると事務所。午前8時10分くらいに着くんだ。伊平さんは遅くでないと来ない。

伊平さんの第一声はいつも、『おーい』。それから『朝ごはんは?』、『例のとおり、立ち食いだ』、『辛抱しとるのう』と。『今晩どうする?』、『議員宿舎に泊まりよる』、『他の連中もおるだろうし、なんやったら電話しなよ。どっか案内するわ』ってね。ひじょうに我々を大事にしよった。竹下さんは事務所で一回ぐらいしか顔を見たことがない。

選挙で帰られても、伊平さんが大番頭だった。人付き合いはいい。人を下におかねえ。あの『おーい』という一声も、親切味や心の優しさがあった。上手は言わんけど。竹下家の竹下酒店は戦後、仕込みの米が買えないぐらい経営が成り立たなかった。伊平さんは尽くした。あそこまでされると、主従関係は深くなるのは当然。ワシらもそう思う」

古老は陽のささない薄暗い部屋で、チャブ台を前にして、こうも語った。

「竹下さんが『なんで、ワシがそんなこと言わないけんの』と愚痴をこぼしたら、その真意を汲むのが伊平さんや。竹下さんがひとつ言えば、二、三を汲んでやっとる。その点、竹下さんは上手だ。後で竹下さんは『ワシはそんなこと指示しとらん。知らん』と言うだけだ。知らんことはない。伊平さんが独断でやることはなかった。そういう人だ。

竹下さんはカネが入ることには黙ってても、カネが出ていくことには黙っとらん。リクルートで伊平さんが自殺した時、みんな『伊平さんが責任を負わされた』と言った。あとは竹下さんは知らぬ、存ぜぬで通せば証拠もなにもないでしょ。ワシら、伊平さんは秘書の鑑《かがみ》と思うとった。死んだもんが、一番つまらん。生きて、頑張っとってくれれば……。無念じゃのう」

死の前年の暮れのことだ。伊平から同級生に「帰るけんのう」という電話があった。令夫人の実家・赤名に向かうという。が、寒波の影響から飛行機が羽田から飛び立たず、伊平は新幹線で広島まで出て、そこからタクシーで赤名を訪れている。伊平は電話口でこう言っていた。

「新聞社が、ようつけとるわあ……」

死から2年後、１９９１年9月下旬、数名の同級生が伊平の墓参りをした。その一人が、私に涙のにじんだ目で語った。

「墓参りの後、伊平の実家に寄ったら、南方で作られたような珍しい仏像が置かれていた。伊平の姉に尋ねたら、『伊平は亡くなる前に荷造りをしていたんです。その中から見つかった仏像で先日、伊平の家族が送ってきました』という話やった。伊平はやはり大社町に帰る気でいたんです。亡くなる直前にも同級生に『帰るから、適当な家を探しておいてくれ』と頼んでいた。そんな奴が自殺するなんて未だにとても信じられない。伊平は亡くなる直前、何度も『疲れた、疲れた』と口にしていた。いったい何があったんじゃ……」

歯車の一つ狂いて

いったい何があったのか。「万策尽きた」とも口走っていたという伊平。あるいは長年、抱き続けてきた〝主人〟の竹下像が実は「虚像」だったと、リクルート事件の渦中ではっきりと見せつけられ、その無念さから〝主人〟に抗議の自殺をしたのではなかったか――。

東京の私鉄・小田急小田原線。私は、2003年から2年ほど前まで胸に令夫人への手紙をしのばせて、新宿から二つ目の参宮橋に何度となく足を運んだ。在りし日の伊平について知りたかった。いったい、何を語り、何にもがき、苦しんだのか。何を食べ、笑い、ふたたび還ることのできなかった遠い出雲の郷里は、伊平にとって何だったのか。

青木伊平という一人の人間を知り、「一人の犠牲者」のままで歴史に埋没させ、忘れ去られるようなことがあってはならないとも書いた。

しかし、令夫人からの返事が届くことはなかった。

私は、東京と出雲を幾度も往復するなかで、偶然にも令夫人が伊平の死から4年後、知人に寄せた手紙を見る機会があった。手紙には、夫人がつくった和歌と、そこに文章が添えられていた。

「お別れの柩の中の主の顔　ダイヤのような涙一粒」
（告別式の早朝、お別れに子供達とまいりましたら、前日までなかった涙が目から一筋頰をつたわり、頰の中程で止まりキラリと冷たく光っておりました。今でも不思議だったと思い出しております）〈句読点＝筆者〉
「歯車の一つ狂いて主は逝き」
（今もこのように思っております）

歯車の一つ狂いて――。私は暗澹たる気持ちにとらわれた。

その伊平の死を境にのし上がってきたのが、もう一人の青木、青木幹雄だった。伊平は生前、出雲の知人に「あいつ（青木幹雄）は使えない」と不信感をあらわにしていたという。

伊平は死の前年、１９８８年４月に発行された島根県出雲市の旧制大社中学校48期同窓会の文集「おもはゆ」２号に、このような一文を寄せていた。

「私はたまたま昨秋の政変で、竹下登総理の誕生に際し、凄まじい政権抗争の中枢にあって複雑極まりない人間関係を垣間《かいま》見て（略）激しい政権抗争を繰り返す中で、血わき肉おどる政治家集団の中で、なぜか常に『冷めた』ものを感じてなりません。所詮政治にはそぐわない者がずるずると泥沼に入ったことを深く反省する昨今です」

それから20年たったいまも、政治の泥沼はなくなってはいない。

第2章　密室クーデター

野中が「あいつ」と呼び捨てた男

２００６年10月で81歳を迎えたその男は、高齢をいささかも感じさせない力のこもった眼で私を見据え、かすれがかった甲高い声で言うのだった。

「あいつに政治信条とかあるわけないやろ。あいつにそんなものはない。あるのは地位や、権力や」

「彼をそうまでしたのはオレが悪いという人もおる。（彼を）官房長官にどうか、と言ったのはオレだ。あの頃はオレにも浪花節があったからな……。そのあいつが、その後、まさかこうも変わるとは夢にも思わなんだ」

こうまくしたてて止まない男は誰あろう、野中広務である。その野中がついぞ拭いさることのできない遺恨の感情をあらわにして、何度も「あいつ」と呼び捨てた相手は、参議院自民党議員会長の青木幹雄だった。

野中はかつて自民党権力の中枢にあって、「陰の総理」「キングメーカー」などの異名を取る、隠然たる実力者だった。２００１年4月、小泉純一郎が政権の座に就いてからは、小泉から「抵抗勢力のドン」として最大の「敵」に仕立て上げられ、絶えず攻撃の標的になった。そして2年余り後の２００３年9月、小泉が再選を目指した自民党総裁選告示翌日の9月9日、野中は突然、政界引退を表明したのだった。野中はその日、東京・永田町の自民党本部で行った引退会見で、震える声で袂《たもと》を分かった青木幹雄への憎しみを、こうむき出しにしたのだった。

「私と長い盟友であった青木（参議院）幹事長が、総裁選の告示のとき、小泉総理の推薦人になっていることに私は愕然《がくぜん》とした」

「（青木幹事長は小泉が）参院選の顔というだけで（小泉を支持した）。政治家がこの国家のために何をするのか、国民のいまの現状をどう思うのかという理念、哲学がなくして、参院の権力構造の中に我々がまた揺れ動いていることを悲しく思う一人だ」

02年6月、自民党の橋本派パーティで乾杯する野中広務元幹事長（右）と青木幹雄参議院幹事長（東京都内のホテル）

「私自身は自ら退路を断って、そして我、闘うべしという決意を改めて持ち、最後に私が持つこの情熱と志を、今回の小泉政権を否定するための最大の闘いに燃焼し尽くしたい」

「青木は『権力の権化』だ」

忘れもしない――。その日の夜、私はＪＲ品川駅前に立っていた。時計は午後11時をとっくに回っていた。

私はほぼ半年ぶりに、品川駅西口から高輪《たかなわ》議員宿舎に向かってだらだらとした坂道をのぼった。半年前、私はその宿舎で野中と差し向かいで会い、小泉純一郎への対抗心をあらわにした野中の肉声をそのまま書いたことによって、何度目かの「出入り禁止」を食らっていた。

しかし、その日は何が何でも野中と会わなくてはならなかった。たとえ会えなくても、野中とその日のうちに連絡を取らなくてはならなかった。連絡をするにしても、宿舎の真ん前でなくては納得できなかった。

私は思いつめていた。小泉首相だけでなく野中にも、なぜか、いわくいいがたい憤りを感じてならなかった。

宿舎前の広場は黒い高級車が整然と並んでいた。宿舎で国会議員らと〝番懇〟をしている新聞記者らの帰りを待っているのだった。

アゴから汗がしたたり落ちた。私は宿舎を見上げながら野中に連絡を入れた。

――会いたいのですが。

野中は咽から絞り出すようなかすれ声でこう呻《うめ》いた。

「結構です。会うことはない」

――今日、自民党本部でした記者会見と同じ話でもいいから、会いたい。

「いや、いい」

――会見では、青木さんらを名指しで「許せない」と言ったのですか。

「もう、去る人間なんだから」

――青木さんは、なぜそうも小泉首相にすり寄るのか。青木さんは橋本派（旧竹下派）を継承した人ではなかったですか。

「（青木は）権力の権化だ。己の権力のために、権力のまわりをうろちょろしてな。そんな人間とは一緒にやっていけない。情けないことだ」

――青木さんはそもそも竹下派の〝源〟の田中角栄の存在まで否定していくのか。

「そうだ。（青木は）そういう人間だ」

――野中さんはどうするのか。橋本派は解体か。

「それは、どうかな」

――野中さんは最後まで小泉と闘うのではなかったのですか。

「やるさ。最後まで、やるさ」

野中は「権力の権化」という言葉を二度にわたり繰り返すのだった。

「鉄の軍団」が自壊した瞬間

野中が牙を剝《む》いたのは、青木だけではなかった。もう一人いた。青木に次いで小泉支持に回った橋本派（平成研）の幹部・会長代行の村岡兼造である。野中は引退会見で煮えたぎるような感情をあらわにした。

「グループ（橋本派）としては手順を踏んで藤井孝男君（元運輸相）を送り出したはずなのに、村岡会長代理が橋本（龍太郎）会長にも我々にも断ることなく、小泉支持を打ち出した。そのような態度は、政治家として許すことはできない」

「自ら退路を断って闘うことが、目先のポストや誘惑に踊らされる政治家への警告になると思っている」

野中は橋本派の統一候補として藤井を担ぎ出そうとしたが、青木、村岡の小泉支持で派閥は分裂選挙に入った。青木は派閥の参議院議員らに藤井で動かないように睨《にら》みをきかせた。青木は、「小泉に裏切られたことはない」と口にしたという。

角栄率いた田中派の系譜をもつ権力派閥の崩れた瞬間だった。長い間、自民党権力を陰で操る「二重権力」といわれ、その「鉄の結束」を誇る武闘集団として、敵対する相手をギリギリまで追いつめ、怖れられてきた派閥が、自らの内部抗争で自壊したのである。

野中には悲壮感すらただよっていた。小沢一郎（現民主党代表）を容赦なく叩きに叩き、「陰の総理」とまで呼ばれる〝キングメーカー〟として怖れられてきた野中。いくつものハードルを越え、向かうところ敵なしのように見えた野中だったが、たった一人の男、青木幹雄だけは押さえこむことはできなかったのではないか。

57歳にして京都府副知事から衆議院議員に転身し、遅咲きながら一気に権力の階段をのぼってきた野中。その野中も、ことあるごとに竹下元首相と一心同体の関係で、竹下の正統な後継者であるかのように振る舞ってきた青木に手傷を負わせ、血を流させることができなかったのではないか。

野中は、青木に続き、青木の陰に隠れるようにして小泉に走った村岡に、「毒まんじゅうでも食らったんかい」という言葉を浴びせかけた。その意味するところは、村岡の目の前に「衆議院議長」のポストがぶら下げられたのではないかというものだった。

「裏切り者」と「毒まんじゅう」

野中の引退会見から1週間、私は連日のように野中を追った。あらかじめ週末、野中が京都に帰ることはわかっていた。私は前夜、ＪＲ京都駅八条口に面した「新・都ホテル」に投宿し、早朝、野中に電話をした。

「京都に来られたからて、あきません。君と会うことはできません」

野中は頑《かたく》なに会うことを拒むのだった。諦めのつかないまま私は新幹線で東京に戻り、そのまま羽田空港に向かった。秋田に向かうためだ。秋田空港から車で、街灯もろくにない暗い山道を、村岡の実家がある本荘市に走った。村岡は不在だった。私は実家に隣接している古びたホテルに宿をとった。遠くに人気《ひとけ》のないラーメン屋の灯りがひっそりとついている、寂しい片田舎の町だった。

翌9月16日、朝6時半過ぎ、再び村岡の家に行った。村岡は帰っていた。家人に通された母屋は広い畳敷で、縁側からレースのカーテンを縫って眩しい朝日が射し込んでいた。

「今日、市町村長の会合に出なくてはならないんだ。朝メシも食ってないし……」

「じゃあ、短時間でも」

夫人が村岡の脇に座った。私は村岡に質《ただ》した。

――野中さんは引退会見で、青木、村岡さんを名指しで批判した。いったい、何があったのですか。

「わからん。突然のことだった。野中さんが前々から口にしていたことではなかった」

――村岡さんは、野中さんの発言をどう聞いたのか。

「なぜ、名前をあげて言わなくてはならないのか。野中さんは、自分だけが正しいことを言い、正しいことをして、他は悪いとしか言わないのか。自分だけが正しいという思い込みは、人として間違っているはずだ」

村岡の育ちのよさからくるのか、行儀のいい受けこたえに私は苛立っていた。

――村岡さんが「毒まんじゅう」を食らったともいった。

「野中さんは、自身の引退理由を人のせいにしている。橋本派の幹部会で、藤井（孝男元運輸相）を出すとき、『橋本派として温かく送り出してやろう』と決めたのは、あれが派の限界だったからだ。論議をつくした後の限界で〝温かく〟という表現になった。いま、私は（小泉支持を）わかってくれるように後援会らに訴えている最中だ。驚いているが、時が経てばわかってもらえるだろう」

――橋本会長は何と言っているのか。

「何と言っているって……。野中さんは何のこうの言ったって、もう辞めていく人でしょう」

――真相は時間が経てばはっきりしてくると。

「そう、時間がかかる」

村岡の態度は終始、私には腑に落ちなかった。野中に「裏切り者」、「毒まんじゅう」を食らったのかとまで激しく非難されたのだ。なぜ、「野中は人のせいにしている」とか、「時間が経てばわかる」とか、物わかりのいい、キレイごとですませようとするのか。なぜ牙を剝こうとしないのか。

暗黒政治の生みの親

野中と村岡。かつて村岡が野中に牙を剝く場面があった。1999年9月末のことだ。小渕政権の官房長官を退くことになった野中が、村岡を押しのけ、幹事長代理に戻るという情報が流れた。村岡は酒が入っていたらしくメディアの記者懇談で憤怒し、まくしたてたのだった。

「官房長官を辞めると騒いでおいて、次は幹事長だ、幹事長代理だというのは、どういうことだ。やりたいなら、どんなポストもくれてやる」

権力欲と激しい嫉妬が渦を巻くのは永田町の常だ。伏線はあった。1ヵ月前の99年8月末、野中は村岡に当てつけるように講演でこう語っていた。

「あいつ（野中）は国対委員長か、幹事長かという批判が出ている……。まあ、男のヤキモチというのは権力が絡むので、よけいに嫌ではあります」

男の嫉妬は権力が絡むのでややこしい。野中の挑発に村岡が乗せられ、「ポストをくれてやる」発言になったというのが永田町の見立てだった——。

村岡家を辞すと、私は秋田空港に向かい、羽田に飛んだ。羽田空港のロビーで時間をつぶし、夜、JR品川駅に立った。東海道新幹線・品川駅のオープンは近く、駅前の飲食店は遅くまで賑わっていた。

高輪議員宿舎。午後11時過ぎまで待ち、野中に電話を入れた。部屋にいた。

「京都では失礼しました」

「いや、いや」

「今日も、会えませんか」

「そうですね」

取りつく島もなかった。帰路、品川駅への坂道をトボトボ歩きながら、粘ろう、粘らなくては と、なぜか自分に言いきかせていた。

いっぽう、野中が政界引退を表明したちょうどそのころ、青木はどうしていたか。『Yomiuri Weekly』(03年9月28日号)によると、青木は国会議事堂内の参議院自民党幹事長室で愛煙する「チェリー」をくゆらせながら、こうこぼしていたという。

「それにしても疲れるねえ。(総裁選が)早く終わってくれればいいのに。誰かが泥をかぶらないといけないんですよ。大局的にみたら、仕方のないことだわね」

それから2年余りが経った。もはや、首相・小泉純一郎に逆らう自民党の政治家は、ただの一人として存在しない。小泉に反逆すれば容赦なく潰されるか、冷遇される。あげくの果ては、自民党から放逐されるという恐怖が待っている。この翼賛体制、言葉を換えるなら暗黒政治の生みの親が青木幹雄である。

前回の通常国会でも、本来なら参議院議員会長である青木は、参議院での郵政民営化法案否決による衆議院の解散という禁じ手に小泉が打って出た時点で、参議院の存在を否定する暴挙だとして小泉に対峙すべき立場だった。にもかかわらず、青木は小泉を支持。結果、参議院の独自性は失われた。

野中が、権力の権化とののしる青木幹雄。彼はいったい、いつからそんな力を持つようになったのか。

「竹下さんはオレの自由だ」

先述したように、40年前は、元首相・竹下登の一介の秘書にすぎなかった青木が、島根県議から参議院議員に初当選したのは1986年7月、師匠の竹下が、中曽根康弘内閣で自民党幹事長に就いた年だった。

青木が初当選する前年の85年2月、竹下は田中角栄の凄まじい怒りをかいながら、田中派を割って、金丸信、小沢一郎らと派閥・経世会（旧竹下派）の母体となった「創政会」を立ち上げていた。これが後に、小渕、橋本派の平成研究会（平成研）へと血脈がつながっていく。

県議だった青木は、もちろん角栄という人間の息遣いを間近に知らないばかりか、竹下が派閥を旗揚げした時の苦労を骨身に沁みて知りうるはずがない。

しかし、参議院議員に当選するや、青木は、竹下と一体だということをことさらに誇示し、陰に陽に相手を脅かすことで伸し上がってきた。青木は長い間にわたり、「竹下登秘書　参議院議員青木幹雄」という名刺を持ち歩いていたのだった。参議院自民党の元幹部らは青木が何かにつけてこう口にするのを聞いていた。

「竹下がつくった派閥を、オレが守っていかなくてはならない。オレは裏方で守っていく」

しかし、青木は口とは裏腹の行動に出るのだった。

05年９月、郵政選挙（衆院）に大勝し、青木幹雄参議院自民党会長（左）と握手する小泉純一郎首相

小泉は２００１年の総裁選から一貫して「抵抗勢力の牙城」と橋本派（平成研）を攻め立てた。青木はその攻撃に徹底抗戦するどころか、２００３年9月の総裁選で、その小泉の陣営に率先して転向した。そればかりか、その直前、派閥の会長、橋本龍太郎から、「竹下が手塩にかけた派閥を潰すつもりか」と詰め寄られた青木は、怒鳴り散らすようにこう口走ったと伝えられる。

「竹下がつくった派閥を、青木が壊して、いったいどこが悪い」

青木の怖るべき本性を示す話は、これだけではない。

竹下は１９９９年４月、変形性脊椎症《せきつい》のため東京都内の病院に入院し、その１年後の２０００年５月１日、政界からの引退を表明した。

自民党最大派閥の事実上のオーナーとして君臨してきた竹下は病魔に倒れて１年余り、表舞台に姿を見せることなく40年余りにわたる政治生活に自ら幕を引いたのだった。自民党本部で行われた引退会見では、病床にいる竹下のしゃがれ声の肉声テープが流された。

「真剣にリハビリに努めてきたが、いまだ登院できず、国会議員の責任を十分に果たせない状態が続いています。誠に残念ですが、この際、引退すべきと判断しました。ほぼ半世紀に及ぶ日々を振り返ると……万感胸に迫るものがあります」

竹下の声が流れるスピーカーをじっと見つめていた官房長官・青木の目から涙がこぼれ、自民党幹事長・野中広務も目を潤ませていたという。

しかし、青木は竹下の引退を前にして、気を許した人物らに陰でこんなことを言い放っていたのだった。青木の元側近や参議院元幹部ら複数が証言する。

「竹下さんは、オレの言うことだったら何でも聞く。竹下さんはオレの自由だ。いま、オレが政界から引退しろと言えば、言う通りに引退するさ」

青木の口から直接この言葉を聞いた参議院元幹部は、とっさに、「青木は竹下の何らかの弱みを握っていて、昔から竹下を脅してきたのではないか」とさえ訝《いぶか》しんだという。竹下の弱みとは何だったのか。

青木にとって竹下は、自分を押し上げるための道具にすぎなかったのか——。

記者会見で竹下登元首相の録音テープをしんみりと聞く（左から）野中広務幹事長、橋本龍太郎元首相、青木幹雄官房長官、綿貫民輔平成研会長

首相交代劇をリードした青木

竹下の引退表明からちょうど2週間目の2000年5月14日に死亡した竹下の直弟子、小渕恵三の政治生命を奪ったのも青木である。

首相だった小渕が公邸で脳梗塞で倒れたのは、2000年4月1日午後11時ごろだった。小渕が大型のワゴン車に乗せられ、千鶴子夫人や秘書らにつきそわれて、東京・御茶の水の順天堂大学医学部附属順天堂医院に運び込まれたのは4月2日午前1時15分ごろ。当時、官房長官だった青木は、小渕が生死の境をさ迷っていたにもかかわらず、国民にその病状を偽り隠蔽《いんぺい》したままで、自身が首相臨時代理に就き、青木の腹心中の腹心、森喜朗を小渕の後継首相に選任するという密室での政権移譲をやってのけた。権力を濫用《らんよう》したクーデターともいうべき首相交代劇だった。

小渕が倒れたその日にホテルの一室に集まったのは、青木、森喜朗幹事長、野中広務幹事長代理、村上正邦参議院議員会長、亀井静香政調会長（いずれも当時）の自民党の幹部5人だった。5人のうちキーパーソンになったのは青木だった。小渕の病室という密室と、5人の謀議の場となったホテルの密室。この2つの密室を出入りできたのは、青木一人しかいなかったからである。青木は「病室の小渕」の情報を一手に握ったことで、首相交代劇をリードする。

島根県議から参議院議員に転身して10年余りで、参議院幹事長から官房長官にまで権力の階段をのぼりつめた青木。その青木のターニング・ポイントになったのが、小渕の病状を政治利用したクーデターだった――。はたしてこの密室でどのような会話が交わされたのか。青木は何をしたのか。

ＪＲ御茶ノ水駅。神田川に架かる橋を渡って左に折れ、外堀《そとぼり》通りを少し歩くと、薄茶色の外壁に覆われた瀟洒《しょうしゃ》な建物が見えてくる。順天堂医院だ。最上階の14階は特別病棟だ。ピンクの絨《じゅう》毯《たん》が敷かれ、入り口のドアにはモザイクのガラス模様があしらわれていた。小渕はその一室、ＶＩＰルームの病室に運ばれた。「病室の小渕」に関する青木の驚くべき虚偽発表は、小渕の入院した00年4月2日から始まった。

青木は4月2日午後7時過ぎに医院に到着。千鶴子夫人、古川俊隆秘書官、医師と会って説明を受けた。医師は最初、一人だったが、後に二人の医師が加わったという。その後、青木は古川秘書官と一緒に14階のVIPルームに向かった。そこで青木は一人で病室の小渕と面会する。古川秘書官は病室の入り口の応接セットで待った。青木が小渕と対面していた時間は、後に青木が「5～7分間」と語っている。すでに医師団から「病名は脳梗塞」と診断されていた小渕は、午後7時半ごろ青木の帰った直後に体調が急変、集中治療室に移された。

脳梗塞で入院中の小渕恵三首相を見舞うため、順天堂医院に入る首相臨時代理の青木幹雄官房長官（右）

緊急会見での大ウソ

小渕は重病だった。しかし青木はこの日、午後11時半ごろの緊急記者会見で、小渕は「過労のために緊急入院」と偽った。記者から小渕の意識ははっきりしていたかと問われ、「別に意識はどうということはありません。（意識は）あります」、さらに小渕の顔色を問われると、「そんなことといちいち、私は医者ではないからわからない」、首相臨時代理を置くのかとの問いには、「そのことを含めてこれから考えようと思う」と、何食わぬ顔で答えたのである。

青木は小渕が集中治療室に入っている事実はおろか、病名さえひと言も口にすることはなかったのだ。

青木は一進一退する小渕の容体を刻一刻と誰よりも早くから知りうる立場にいた。後に判明するのだが、小渕は4月2日午前1時15分ごろ順天堂医院に緊急入院した時には重篤な状態だった。ＭＲＩ（核磁気共鳴映像法）検査で脳梗塞の疑いありと診断される。

しかし同午前2時ごろ、小渕の古川秘書官は青木に連絡し、なぜか「過労で入院。検査中で心配するほどのことではない」と語ったという。午前2時半ごろ、ＭＲＩ検査で小渕の病名を脳梗塞と診断。午前6時ごろ、古川秘書官は医師を連れて青木の住む議員宿舎を訪ね、「検査結果は午後11時ごろにははっきりする」と報告したという。

いっぽうで青木は、小渕の緊急入院の情報操作でも、自ら司令塔になっていたと言わざるを得ない。4月2日午前10時ごろ、共同通信社の「首相動静」の取材に対し、秘書が「(小渕は）午前6時に起床、来客なし、でお願いします」と回答。次いで正午ごろ、共同通信社の「首相動静」の取材にも、秘書が「午前中は来客なく、政策の勉強などをして過ごす」と回答。さらに午後5時半には、「首相はいつものとおり資料整理やビデオ鑑賞」と発表していた。いずれも虚偽だった。

内閣の要である官房長官の青木が、虚偽情報をそのまま放置したことの意図は何か。青木の官邸クーデターは早くから始まっていたのだ。最初に手を打ったのが情報操作だった。怖るべきことではないか。古今東西、クーデターで政権奪取を図る者の第一の常套手段が、情報を一手に握り操作することにあるからだ。

病院側がもらした疑問

青木は翌4月3日午前、あろうことか臨時閣議の前に、自身の一存で首相臨時代理に就いた。暫定とはいえ、首相という最高権力の座を手にしたのだ。青木はその根拠として、同日午前の会見で平然とこう語っている。

「(小渕) 総理から『有珠山《うすざん》噴火対策など一刻もゆるがせにできないので、検査結果によっては、青木長官が(首相) 臨時代理の任に当たるように』との指示があった」

青木にとって小渕は、どうしても意識が明瞭でなくてはならなかった。内閣法9条は「内閣総理大臣に事故のあるとき、又は内閣総理大臣が欠けたときは、その予《あらかじ》め指定する国務大臣が、臨時に、内閣総理大臣の職務を行う」と定めている。首相臨時代理に就く場合、「予めの指定」が必要なのである。つまり病床の「小渕の指示」が、内閣法でいう「予めの指定」に当たるというのだ。しかし、青木のこの発表も真っ赤なウソだった。

青木は1週間後の4月10日、国会答弁で前言を翻し、「何かあれば万事よろしくとの指示を受けた」と発言。その日の会見では「病人相手の話だから、正確に記憶しているわけではない」、4月24日の国会答弁になると、「総理と話した時に、臨時代理という言葉は全然聞いていない。当時の私の判断」と述べたのだった。官房長官の任にある者が、ウソも方便とばかりに平然と開き直っていったのだ。

5月14日、小渕は死去した。この日医師団は会見し、このなかで水野美邦《よしくに》脳神経内科教授は4月2日、青木が初めて面会した時の小渕の病状に触れ、面会後の青木発言に疑義を呈した。

「(青木発言は)正直なところ、多少びっくりした。(小渕の意識レベルは)軽い傾眠の傾向がある状態で、大きな声で呼びかければ応答ができる程度の意識状態。政治のことは玄人ではなく、治療に専念していたので、それ以上深く考える余裕はなかった」

水野教授はこうも語った。

「その時に私たちは部屋(小渕の病室)にいなかったので、実際どういう会話をしたのかはわからないが、その前後の状況から、長い文章を話すのは難しかったのではないか。ただ、周りの人が言うことを聞いて、それを理解して、頷くとか、『よろしく頼む』とか、その程度のことは言える状態だったのではないか」

また記者から、「有珠山の……」というような文章は成立しなかったと考えていいか、と問わ

れ水野教授は、

「あのような文章はちょっと難しかったなというふうに推定しているが、（略）そばに居合わせていないので、正確には答えにくい」

「自作自演」のクーデター

青木の発言が医師団から疑われたのだった。しかし青木は、5月15日、記者会見でこう居直るのだった。

「私は総理と官房長官という間で、会話の中でしっかり『よろしく頼む』と言われたことを、そういう形で表現させていただいた。それは非常に苦しい病状のなかでの発言なので、3回に分けて言われたか、4回に分けて言われたか、どういう形だったかをいちいち皆さんに報告する義務はない。（略）一息にそのことを言われたとは言っていない」

――やりとりを説明してほしい。

「そういう説明をする考えは、私にはありません。総理と二人で話した内容ですから、どういう格好をしていたとか、どんなに苦しそうだったとかを報告する義務はない」

――「万事」とは言わなかったのか。

「いちいち答える義務はありません」

――使わなかったのか。

「『万事』とは言いました。それを疑ってかかればきりのない話だ」

――「有珠山噴火の件もあるので」と言ったのか。

「有珠山の話もされました。だけど、それを続けてスッと言ったかというと、これは医師団の言われる通り、続けて言えません」

支離滅裂だった。ウソの上にウソを塗り重ねているから辻褄が合わなくなったのだ。青木自身が首相臨時代理に就いた直後の4月3日の記者会見で、初めて小渕の病状を明らかにしたときの青木の発言と対比するとそのウソが透けて見える。

「昨日、4月2日、私が小渕総理大臣を見舞ったとき、『有珠山噴火対策など、一刻もゆるがせにできないので、検査の結果によっては、青木官房長官が臨時代理の任に就くように』との指示を受けておりました」

――言葉はきちんとしていたのか。

「私がお会いした時点では、はっきりしておりました」

――呂律《ろれつ》が回らないとか。

「いや、そういうことはありませんでした」

青木は小渕の重病に乗じて、〝自作自演〟のクーデターを仕掛けたとしか、もはや言いようがない。

言い換えるなら、青木は小渕と二人っきりの病室で、意識の朦朧《もうろう》とした重病の小渕に向かってただ一方的に耳元で大きな声を張り上げて、首相の座をオレに明け渡したことにしていいんだな、と言ったとでもいうのか。

順天堂医院の小渕の医師団が国民の前に姿を現したのは、小渕が息を引きとってからだ。権力者の病気は本来なら、治療に当たる医師団がその責任で公表すべきものだが、一度もなされなかった。入院直後から刻一刻、医師団が会見していたら、青木の言う「小渕の病室」での会話がいかに欺瞞に満ちたものであったか、その化けの皮が剝がされていたに違いない。これでは、青木らと医師団が結託して情報操作していたという謗《そし》りはまぬがれなかった。

すべてはもうひとつの密室、ホテルでの青木ら自民党幹部5人による、小渕から森への権力移譲のクーデターを成功裡にやり遂げる態勢固めのための、時間稼ぎだったと言わざるを得ない。

密室謀議の舞台となったのは東京・千代田区の赤坂プリンス

臨時閣議に臨む首相臨時代理の青木幹雄官房長官

ホテルだった。地下鉄・赤坂見附駅から地上に出ると眼前に聳《そび》え立つ、超高層40階建てのホテルの5階。ベージュの壁、回廊に敷きつめられた茶色の絨毯を踏んで曲がりくねったフロアの突き当たりに550号室はある。この部屋は青木がプライベートな会合や記者との懇談のために年間を通して借りているスイートルームだった。日射しが燦々《さんさん》と降りそそぐ豪華な室内には、10人は囲める厚いガラスでしつらえた会議用のテーブルが備えられ、隣には仮眠用のベッドルームと応接用の部屋があった。

この赤坂プリンスホテル550号室を舞台に、青木らはどのような会話を交わして密室での権力移譲を図ったのか――。これまで明るみに出なかった複数の関係者らの証言をもとに再現していこう。

密室の五人組

それは4月2日早朝、一本の内線電話から始まった。

参議院議員宿舎で、日曜日のためくつろいでいた村上正邦参議院議員会長（当時）の部屋に備えつけの電話が鳴ったのだ。午前7時ごろのことだった。小渕が順天堂医院に緊急入院したのはこの日の午前1時15分ごろだから、すでに約6時間が経っていた。

電話をかけてきたのは青木だった。村上が、「何事ですか。こんな朝早くから」と尋ねると、青木は切迫した声で「大変なことになりました。そちらの部屋に伺ってもいいですか」と言うのだった。青木が、古川秘書官から小渕の緊急入院の連絡を受けて以後、一番に電話した自民党幹部は村上だった。青木は急いで同じ宿舎の村上の部屋に来た。二人はこんな会話をした。

青木「小渕さんが倒れました」

村上「いったい、どんな容体なのか」

青木「重いということで、担当医と面会しようにも面会できません。あとの対応をどうするのがいいか……」

村上「青木さん、官房長官として緊急会議を開いてくれ。連絡を取るのは森、野中、亀井（静香・政調会長）だな」

部屋にいたのはわずかな時間だが、青木は終始、深刻な面持ちだった。青木は赤坂プリンスホテル５５０号室を緊急会議の招集場所にすることを告げて、自室に戻っていった。

午後１時ごろ、その５５０号室に５人が揃った。青木、森、野中、亀井、村上だ。彼らは後に「密室の五人組」と呼ばれる。日曜日だったが、皆スーツ姿でかけつけ、一様に沈痛な表情だった。

青木が小渕の病状について、容体が重く、当分の間、安静が必要だと報告した。しかし詳しい病状などは語らなかった。そして、この事態にどう速やかに対応したらいいのかと持ちかけた。

それに対して野中が青木につめよるようにして、「いつまでも小渕さんの病状を伏せておくわけにはいかないだろう」と記者会見を開くように勧めたが、青木は「そのことは、とりあえず夕方ごろまで待ってほしい」と、口をにごした。

亀井「臨時代理を置かなくてはならないが官房長官がなるのが筋だろう」

村上「青木さんは、ここにいるよりも、とにかく、（小渕の）古川秘書官ら事務方といろいろと打ち合わせに行ったほうがいいのではないか」

こんな会話を交わしながら夕方まで部屋で過ごしていた。森はほとんど目立った発言をしていない。

午後7時過ぎ、青木は順天堂医院に向かった。小渕と面会し、ホテルに戻ったのは午後8時ごろだった。青木に合わせるかのようにして他の4人も再び集まった。隣の部屋には青木のSPと秘書が詰めて、ときどき部屋にかかってくる電話は秘書が受けていた。問題の権力移譲の密議が交わされたのはこの時だ。午後9時過ぎには、5人の会談で小渕後継や首相臨時代理の選任について大勢が固まっていった。

「森さん、首相をやりたいんだろう」

会談では、まず青木が口火を切った。

「小渕さんの容体は非常に重い。長期間にわたって再起できないようです。総理の仕事は執務不能です」

この時、青木は「有珠山噴火のこともあり、何かあったらよろしく頼む」などと後に問題となる小渕の口から指示を受けたという報告はしていない。また他の4人も病状を問い質しはしなかった。執務不能と聞き、相当深刻な状況と察していたからだ。

ただ野中は「幹さん（青木の呼称）、いつまでも小渕さんの病状を伏せておくわけにはいかないだろう」と、再び青木に忠告している。

話は空白になった権力の座をどうするかに移っていく。

村上「小渕さんが長期にわたって再起できず、執務不能という状態であれば、小渕さんの後継を決めなくてはならない」

亀井「首相臨時代理はあくまで暫定的なもので、そのまま首相になるってわけにはいかないからなあ」

村上「自民党幹事長というキャリアからいったら、森さんを後継にしたらいいんじゃないか」

森はこの一言を待っていたようだった。身体をしきりに左右に揺らし、落ち着きがなかった。

亀井「森さん、（首相を）やりたいんだろう。やったら、いいじゃないか」

村上「亀ちゃんもああ言っていることだし、森さんしかいない」

小渕後継は森、と口火を切ったのは村上だった。野中は異論を挟まなかった。また、森以外の名前は具体的に挙がることがなかった。その間、青木は終始、沈痛な顔つきで言葉数も少なかったが、流れが森に落ち着きそうになると、「それでいいんじゃないですか」とだけ言った。森はそれまで何か言いたげにしていたが、最後に宣言した。

「私のようなものでお役に立つのであれば、（小渕後継の首相を）やらせていただきます」

この間、村上は森に「ちゃんと派閥（清和会）をまとめられるんだろうな」と尋ねていた。1998年の総裁選で、小渕に対抗して出馬した小泉純一郎の出方が気になったからだ。森は自信ありげに「大丈夫、収めます」と言った。

亀井も森に「身辺はきれいなんだろう」と聞いた。女性関係のことだった。森は薄笑いを浮かべながら、何度か手を振るのだった。

その間、青木と野中は途中何度も席を立ち、隣のベッドルームで頻繁に電話をかけたり、頭をつきあわせて言葉を交わしていた。

青木、首相臨時代理に

このころになると、午後に集まったときの重々しい雰囲気は薄らいでいた。野中は古賀誠国会対策委員長（当時）をホテルに呼ぼうとして、何度も携帯で連絡を取ろうとしていたが、つながらなかった。

「あいつ（古賀）は、どこかの女のところにでもいるんじゃないのか」

誰からとなく上がった冗談に、笑いが起こった。

古賀をホテルに呼ぶには理由があった。国対委員長として、森を一気に首相に就任させるための根回しの打ち合わせと、もうひとつ、ポスト小渕の有力候補とみられていた加藤紘一元幹事長と、加藤の率いる派閥・宏池会（旧宮沢派）の動きを未然に封じるためだった。加藤は「反小渕」を標榜している。加藤側近でもある古賀を会談場所のホテルに呼び入れたと印象づけることで、加藤は身動きできなくなると踏んでいたからだった。

古賀は夜遅く５５０号室に入ってきた。もう、後継は森という流れになっていた。古賀は普段着だった。野中はその古賀に、「いったい、こんな時にどこにいたんだ」と叱言《こごと》のように言った。平身低頭する古賀に、また笑い声があがった。

ホテルには平成研幹部の村岡兼造も駆けつける。村岡は、５５０号室には姿を見せず、別の部屋をとった。青木、野中、村岡の３人が、森を後継にすることで合意すれば、平成研の総意が固まったのも同じだった。

後継は森に決まった。首相臨時代理については、最初から青木を選任という雰囲気だった。

村上「（首相臨時代理は）青木さんでいいんじゃないの」

亀井「官房長官がやるのが筋でしょう」

しかし、青木は一度はこう言った。

「閣内には、総理経験者の宮沢（喜一・当時大蔵大臣）さんがいらっしゃるので……」

森は「河野さんもいらっしゃいますね」と口にし、その場を青木が、「一応、宮沢さんに連絡し、相談してみます」と引き取った。

青木は形式上、宮沢に失礼がないように連絡をとるという口振りだった。首相臨時代理を拒むような素振りは、まったくなかった。

その後、青木はこの日午後11時過ぎに宮沢に連絡を入れてはいるが、相談というべきものではない。青木は宮沢に対し、小渕の入院と、「首相の指示を受けているので、私が必要に応じて首相臨時代理を務めさせていただく」と一方的に告げただけだったという。

キングメーカーの誕生

小渕が重病に臥《ふ》していることを国民に隠したままで、自民党幹部5人の密室会談で首相は交代させられた。翌4月3日、青木は首相臨時代理に就任。後は形式を踏めばいいとばかりに、一気に突っ走っていく。

青木は4月4日、臨時閣議を開き全閣僚から辞表を取りまとめ、小渕内閣は総辞職した。そして4月5日、自民党は衆参両院議員総会を開き、森を自民党総裁に選出。すぐに衆院本会議で首班指名選挙が行われ、森が首相に選出されたのである。4月2日午後、5人が赤坂プリンスホテル550号室に集まってから、わずか3日間で政権が替わった。

すべての原点は、青木が病室という密室で、たった一人だけ小渕と面会できる政治家だったことにある。

記者会見で小渕内閣の総辞職を発表する青木幹雄首相臨時代理

ある自民党幹部は、小渕が集中治療室に入ったことを知り、病室は無理でも、部屋の外から小渕を見舞うつもりで駆けつけたが、古川秘書官に断られた。

小渕の後継首相に就任することが確実となった森は、4月4日夜、東京・紀尾井町の赤坂プリンスホテルの森派（清和会）事務所で同派会長代行の小泉純一郎元厚相ら幹部と会議し、早くもこう就任宣言をした。

「天命だ。精いっぱい努力するので、協力をお願いしたい」

また、森の後任会長に小泉純一郎を選出することを内定した。

森は自民党の衆参両院議員総会で、自民党新総裁就任挨拶をした。

「小渕（前）総裁の気持ちを受け継ぎ、責任の重さを感じ、身も心も引き締まる思いだ。小渕総裁が病院のベッドで病と闘っているかたちでの退陣は、学生時代から40年余の付き合いがあるだけに断腸の思いだ」

青木は、小渕から一気に森政権にもっていった。青木にとって森は、早稲田大学の一年後輩。サークル、早稲田雄弁会で同じ釜の飯を食った仲間であり、麻雀仲間でもあった。小渕は三年後輩の雄弁会仲間だった。青木と森の「親分・子分関係」もしくは「兄弟関係」の因縁は深い。

青木が早大雄弁会幹事長になったのは1957年9月だった。森（早大、60年卒）はその青木との因縁について、『早稲田大学雄弁会100年史』にこのような一文を寄せていた。（一部抜粋）

「（略）青木幹雄さん（参議院自民党幹事長、元官房長官）が（雄弁会幹事長に）選ばれた。私は青木さんの擁立工作に奔走し、その働きが評価されて渉外担当の幹事役になった。

青木さんは無類の麻雀好きである。しかもその学年は麻雀好きが多く、毎日のように行きつけの雀荘で卓を囲んでいた。そのせいで、幹事会などの開会が遅れることもしばしばだった。ある日も、幹事会を始める時間を過ぎたのに、青木さんがいっこうに現れない。いつもの雀荘にいることはわかっていたから、私がむかえにいって『もうみんな集まっていますよ』と告げた。それでも青木さんは、『あと半荘だから待てや』と言って腰を上げようとしない。私は堪忍袋の緒が切れてしまい、『いいかげんにしろ！』と怒鳴って麻雀卓をひっくり返したこともあった」

青木はその森を首相の座に押し上げ、この時から首相を操るキングメーカーとなった。

私の手元にB４判サイズで6頁の薄いパンフレットのコピーがある。

早稲田大学創立75周年・早稲田大学雄弁会創立50周年を記念して開かれた「学生模擬国会」の式次第などを記したもので、日時は昭和32年（１９５７年）10月27日午後1時半、場所は大隈《おおくま》小講堂だ。

目を瞠《みは》るのは、そこに名を連ねる面々。まず「議会日程」の開会式の挨拶は早大雄弁会幹事長・青木幹雄。祝辞は自民党総裁・岸信介《のぶすけ》、社会党委員長・鈴木茂三郎《もさぶろう》。

本会議は事務総長報告として、事務総長・森喜朗、次いで施政方針演説として内閣総理大臣・青木幹雄と記されているのだ。

青木は総理とともに、早稲田党（約85名所属）の総裁に就いていた。

このパンフレットは青木と森の親分・子分関係の因縁はこの早大雄弁会の時から始まり、その二人の関係は50年余りにわたることを如実に物語っていた。約半世紀も前の学生の「模擬国会」とはいえ青木が総理・総裁という最高権力の座に就き、森が事務総長とは――。青木に森がいつまでも頭が上がらないいまを彷彿とさせる。小渕の急病、そしてクーデターで後継総理に森を就かせてから、青木は小泉純一郎、安倍晋三、福田康夫と連なる「清和会政権」を陰で支配する不気味なキングメーカーともなった。

「あの男は、あまりにも表と裏がありすぎる」

「病室クーデター」は、小渕から森への政権交代だけではない。もうひとつ、平成研のボスが、やはり小渕から青木へと移ったことを意味している。

じつは小渕は生前、青木の元側近にこのような言葉で、青木への不信感をあらわにしていたという。

「あの男（青木）はとても、長年にわたって竹下さんに仕えてきた男とは思えない。本当に怖い男だ。あまりにも表と裏がありすぎる」

小渕は青木の本質を見ぬいていたのだろう。不安は的中した。

青木はその後も、着々と自身の権力欲と地位を満たしていく。

2000年7月、青木は官房長官を退任した。この時、村上らは料亭で青木を慰労した。関係者によると、青木は村上にこのように懇願したという。

「亡くなった竹下さん、小渕さんの遺志を継いで派閥を守っていかなくてはなりません。そのためには無役の傘張り浪人ではダメなんです。政権の中枢にいなくてはならないんです。（参議院）

幹事長にさせてもらえませんか」

村上はこの要望を受け入れ、正式な手続きを経て、結局、青木は幹事長に就いた。しかし、その後の青木は派閥を守るのではなく、捨て去り、小泉の許に走った。当時の青木の口癖は、「ウチの派閥がまとまっていれば、何も怖くない」という一言だった。が、青木はその派閥を自ら壊していった。

04年７月、参議院議員会長に就任し、記者会見する青木幹雄前参院幹事長。右は参議院幹事長に就任した片山虎之助前総務相

青木は、参議院幹事長として臨んだ２００４年7月の参議院議員選挙の直前、「目標の51議席に届かなかったら自民党は死に体になる。私は責任をとって幹事長を辞任する」と明言していた。結果は49議席で敗北だった。ところが青木は辞任するどころか、前言を翻し「引責昇格」、何と参議院議員会長に就任したのだった。小泉にとって参議院を握る青木は、政権にとって欠くべからざる存在だったからである。小泉自身、青木を慮《おもんぱか》って参議院だけは「聖域」とし、いっさい手をつけなかった。

私は、青木の変節と裏切りを最も知る男、野中広務に会ってみようと思った。野中の政界引退表明から2年が過ぎていた。私は野中にあらかじめ電話をすることなく、JR東京駅から西に向かう下りの新幹線に飛び乗った。断わられたらその時だ。JR京都駅で降りて野中に電話をした。野中は言った。

「オウ、いまどこにおるんや」

「小泉に一筆書かせる」

2005年11月末の京都。風が冷たい。JR京都駅八条口の改札口を抜け、観光客でごった返す駅前に立つと、真ん前のビルの2階に野中の事務所はあった。

野中は、事務所奥の執務室にいた。現役時代よりやや太めに見えた。室内には、東京・高輪の議員宿舎にあった竹下登、小渕恵三、梶山静六の3人の遺影が、額縁に入って飾られていた。また、野中を挟むようにして並ぶ亀井静香、古賀誠と談笑する国会議事堂の議場のひとコマのパネル写真もあった。事務所を訪れる客は引きも切らず、野中は携帯電話を手放すことがなかった。その合間を縫って、私は野中にただ一点、青木について聞きたいと語りかけた。

青木、と言ったとたん、野中は険しい顔つきになった。

――野中さんは、03年9月の引退会見で、盟友・青木に裏切られたと言ったが、どういうことなのか。あらためて聞きたい。

「青木はな、(03年9月の)総裁選よりも前に、オレや古賀誠を赤坂プリンスホテルの550号室に呼んで、『静かにしてくれないか』と言うんだ。何でか、とオレが聞くと、青木は、『とにかく小泉に約束させるから。もう道路公団の民営化はやらない。郵政民営化はやらない。川口順子外相や、竹中平蔵経済財政政策・金融担当相を辞めさせる。小泉に一筆書かせる。今度の総裁選が終わったらやらせる。書面にする』と言ったんだ。しかも青木は、『オレの言うことだけでは信用できないだろうから、森喜朗を立会人にしてもいい』とまで明言したんだ」

奇《く》しくも野中の口から出た、赤坂プリンスホテル５５０号室。青木が小渕と面会し、病室の情報を一手に握り、森を小渕の後継に選任するというクーデターを仕組んだ、いわくつきの部屋だ。

同じ部屋で、反小泉の急先鋒だった野中らの言動を封じるために、森を仲立ちにして小泉との「密約」文書をつくることを、野中らに持ちかけていたというのだ。野中の話は続く。

「同じような話を聞いたのは、オレや古賀だけじゃない。村岡兼造さんや野呂田《のろた》芳成《ほうせい》（元防衛庁長官）さんとオレの３人で会って、青木から同じ話を聞くこともあった。ところが、03年9月の総裁選が近づき、平成研で独自候補を立てようということになってくると、青木は『参議院はそうもいかんなあ』と言って、別行動をとるようなことを口にし出した。あいつはずっとフラフラしていた。オレにはわかっていた。

そして忘れもしない8月27日、赤坂プリンスホテルの５５０号室にオレと古賀を呼んで、『書面にすると言ったけど、できなかった。でも、小泉に道路や郵政は絶対にやらせないから。約束はちゃんと果たす』と言った。青木は結局、『口約束』でオレらをずっと引っぱっていたんだ」

野中はここまで一気にしゃべった。よほど腹に据えかねていたにちがいない。野中の口調には怨念がにじみ出ていた。私は野中に、青木に騙《だま》されたのか、と聞いた。野中はボソッとこう呟いた。

「そうかもしれんなあ。青木は別の場で『竹下とオレがつくった派閥を、オレが壊してどこが悪い』と言ったらしいけど、オレに面と向かってそんなことは言わんさ」

村上の子分は認めない

――もう一人、村岡の裏切りも許せなかった。

「村岡と藤井（孝男）は兄弟以上の仲だった。昼は碁、夜は宴会と。保利（耕輔）も一緒だった。藤井が候補者にのぼったとき、村岡は以前、藤井に対し、『（藤井が）総裁選に出るなら、その1年前から煙草を止める』と言っていたというから、オレは藤井に『最後まで（村岡に）頼め』と言った。円満に送り出そうとした。しかし、その藤井に村岡は『今回はダメだ』と……」

――村岡は「毒まんじゅう」を食ったとも非難した。

「オレが（引退会見の直前）自民党本部にいたら、真っさらなスーツを着た村岡が自民党幹事長室に入っていった。オレはその姿を見て腹が据《す》わったんだ」

――そもそも藤井が候補者になったのはなぜか。

「いや、あの時は熊代《くましろ》（昭彦）、笹川（堯《たかし》）もいて、橋本が熊代に『君は超派閥でやるんだって？』と尋ねたら、熊代は『超派閥でやりたい』と。橋本は『そうか、ならばウチの派閥は関係ない』と言い渡した。笹川は面接したら、『藤井君は若いし、何回でもチャレンジできるから、藤井君に』と。それで藤井になったんじゃ」

――しかし、青木は藤井を認めなかった。

「藤井は（参議院自民党議員会長の）村上正邦の子分だと（青木は）思ったからだ。藤井は前は参議院議員で、村上のおかげで国対委員長までやらせてもらっているし。上杉（光弘・元自治大臣）と藤井の二人のことを青木は『村上の子分や。（村上が）かわいがっている二人だからな』といつも言っとった」

――だから、認めるわけにはいかないと。

「そりゃあ、そうだろう」

――なぜ、青木は小泉とこうも一体になっていったのか。

「森だろうな。森との関係だろうな」

――青木と森は師弟関係。森を通じ橋本派の実情が筒抜けだったということになるか。

「そうかもしれんね」

野中の後悔

青木が野中らに「(小泉と) 書面はつくれなかった」と告げた8月27日夜、野中は激昂した。

「そんなに小泉を支持したいんだったら、青木派をつくればいいじゃないか」

東京・紀尾井町の赤坂プリンスホテル550号室。野中のひときわ甲高い声が室内に響きわたった。野中と青木の二人が修復不可能な亀裂を迎えたのはこの時だった。同席した野中の腹心、古賀誠前幹事長が息をのむほど、野中の青木非難はすさまじかった。読売新聞(03年9月21日付)によると——。

野中「それで一筆取れたんかい」

青木「文書は無理だわね」

野中「あんた、必ず一筆取ると言ったやないか。郵政民営化はどうすんや。道路公団民営化はどうすんや。賛成するんか」

青木「そんな法案が参議院に来たらつぶすわ」

野中「そんな話が通るか。そんなら青木派でもつくればいい」

その夜、青木はホテルからすぐの東京・麹町《こうじまち》の参議院議員宿舎に戻ると、すぐに森に電話した。

「小泉さんは本当に大丈夫なんかね。あんたを信じていいんかね」

森は、側近の中川秀直《ひでなお》国会対策委員長を、小泉のもとに走らせた。中川は森の指示で、青木に電話をかけ、小泉の言葉をそのまま伝えた。

「総理はこうおっしゃっていました。『お二人（青木、森）の気持ちは最大限尊重します』と」

青木は覚悟を決め、こう言ったという。

「そういうことなら、小泉さんを信じて走ります」

そして9月2日、同じ赤坂プリンスホテルで開かれた橋本派（経世会）の幹部会後の運営幹事会。野中だけでなく、会長の橋本龍太郎元首相や野呂田芳成元防衛庁長官らも青木に噛みついた。毎日新聞（9月3日付）、読売新聞（9月6日付）によると、その場面はこうだった。

野呂田「小泉から、政策転換や内閣改造で一札取るといったじゃないか。あるなら見せろ」

青木「こんなところでいう話じゃない」

野中「青木さん、それは違うんじゃないか」

橋本「あんたは竹下さんが手塩にかけた派閥をつぶすつもりか」

青木「竹下がつくった派閥を、青木が壊して、いったいどこが悪い」

青木に頭が上がらなかった小渕

私はさらに野中に聞いた。

——小渕さんが病室に臥せっているというのに、青木は首相臨時代理にまでなって、森を後継首相にしていった。小渕さんは本当に口がきける状態だったのか。

「（青木）官房長官が首相臨時代理になるのは当たり前といった雰囲気だった。なにしろ青木が、小渕さんから『臨時代理をよろしく』というようなことを言われたというのだから……」

——野中さんは、小渕さんが青木に「よろしく」などと言ったという話を、いつ聞いたのですか。私の取材では少なくとも、野中さんを含めた密室会談の場で、青木の口から小渕さんの指示があったなどという話は出ていません。

「いつだったか……」

——青木が4月3日の会見で、初めて小渕さんの病名を明らかにし、「臨時代理の任に当たるようにと指示があった」と言ってから知ったのではないですか。

「そうかもしれない。なにしろ青木は、病状を明らかにするのは待ってくれということだったから。あいつしか小渕さんの病院に行っていない。だから、君にそう聞かれてもわからんよ」

青木は野中に対してすら、小渕の病状について満足に情報を与えているとは言いがたかった。しかし、このような虚言を弄《ろう》する政治家を官房長官にしたのには、野中が一役買っている。青木は野中の後任の官房長官だった。野中は言った。

「青木はオレが官房長官にしたようなものだから、オレが悪いんだと言う人もいる。オレは官房長官の時、自公だ、連立だ、小沢の狙いは何だと、ほとほと疲れていた。で、辞めるころになって小渕さんに、『後は青木さんでどうですか』と持ちかけたんだ。そしたら小渕さんは、『いや、いや、青木さんにだけは頭が上がらないから勘弁してくれないか』と言った。どうしてかと聞くと、『早稲田の学生だったころ、腹が空くと森（喜朗）と二人で青木さんの家に行って、パンを食わせてもらっていた。以来、青木さんには頭が上がらないんだ』と。

オレにも浪花節があった。青木は長年、竹下さんの所にいたからな。やはり、ここで官房長官にさせたらいいんじゃないかと思ってな。その青木がまさか、小泉と一緒になるとは夢にも思わなんだ」

99年10月、新旧官房長官の事務引き継ぎを終え握手する、野中広務前官房長官（左）と青木幹雄新官房長官

ウソで塗り固めた政権交代

野中と青木。野中は青木より9歳年上だが、野中は「幹さん」と呼んで、青木を引き立てるようにしてきた。青木

は、「竹下の分身」と言われたこともある。しかし青木は、竹下にどれほどの忠誠心を持っていたのか。竹下が死んだ時のことだ。東京・代沢《だいざわ》の竹下邸に駆けつけたある新聞記者によると、東京・世田谷の自宅から出て来た野中は、「長い闘病はさぞつらかったと思う」と目を真っ赤にして号泣し、いまにも倒れそうなぐらい茫然自失《ぼうぜんじしつ》の状態だった。対照的に青木は、「残念だが、運命ですから」と涙ひとつ見せることなく、いつもと変わりなく、「ほう、ほう」と淡々と口にしていたという。

——青木にとって竹下さんの存在は、いったい何だったのか。

「竹下さんが死んで、郷里の島根県掛合町《かけやちよう》で葬儀があった。青木が弔辞を読んだ。その中で、『竹下さんが県会議員から国会議員になる時、二人で車に乗り、私がマイクをもって演説して走り回りましたね。一緒に島根に生まれ、育ち、やがては島根の土になると話したこともありました』などと言った。まるで、竹下をつくったのはオレだといわんばかりの口振りに、会場は異様な雰囲気になったよ。あいつには政治信条や信念が、どこにもないんだ」

野中は吐き捨てるように言った。

青木は、倒れた小渕から首相臨時代理の任に当たるよう指示があったという発言を二転、三転させた。会見で追及された青木が、最後に弁明した言葉は何だったか。

「首相と官房長官の会話だから、親子兄弟と同じだ。信じていただければ、信じられる話だ。信じてほしい」

親子兄弟と同じだから信じてほしい——。これがウソで塗り固めた政権交代を引き起こした張本人、青木が放った弁明の言葉だった。親子兄弟の問題ではない。最高権力者とその補佐との関係ではないか。最高権力者の緊急入院という最も公的で、国家を根底からゆるがしかねない危機的事態の真相が、青木一人の真っ赤なウソから発した情報操作で封じられていったのだ。なぜこの時、青木による「官邸の犯罪」をとことん追及できなかったのか。

第3章　竹下家との確執

竹下登の原風景

息を切らしながら百三十余りある長い石段を登ると、そこは一面、雪野原だった。雪は深く、歩くたびにズボッ、ズボッと膝頭まで足が埋まった。小高い丘の上に目指す墓園がある。丘に続く坂道の角に、年輪を重ねた枝振りのいい大きなカキの樹があった。墓碑はやせ細ったスギの木立を背にひっそりと雪をかぶっていた。その墓には2000年6月19日、76歳でこの世を去った元首相・竹下登が眠っている。2006年の年明けの1月3日の寒い朝のことだった。

島根県雲南市《うんなん》(旧・飯石郡《いいし》)掛合町。出雲市の近郊をゆったりと流れる斐伊川《ひい》は宍道湖につながっていて、その土手を南下すると、広島県まで伸びる国道54号線にやがてぶつかる。マツ、クリ、スギなどがうっそうと生い茂った山々が両側に連《つら》なっている。国道は山里の集落を幾つも縫うようにして蛇行し、峠にかかった四つのトンネルを越えるとこぢんまりとした町に着く。出雲の町から約1時間、人口約2700人の竹下の出生地である。

私はこの3年程の間、出雲に足を運ぶと竹下の墓碑ともうひとつ、1989年4月、竹下の秘書で金庫番でありながら、58歳にして自ら命を絶った青木伊平の墓に参るようにしてきた。

そして、私の脳裏にいつもある情景が甦るのだった——。

「私という人間の持つ、ひとつの体質が、いま、論理構成されたような悲劇を生んでいるというのは、私自身かえりみて罪万死に値するということ……」

東京・代々木の自宅マンションで首つり自殺を遂げた秘書・青木伊平の最期に触れて、92年11月26日、竹下は衆議院予算委員会でこう語った。

罪万死に値する――。竹下はいったい、どのような血の流れた政治家なのか、何の罪をかかえているというのか。竹下の原風景を追い、出雲に初めて降りたったのは92年暮れのことだった。

竹下と二人の妻

竹下には前妻がいた。その前妻・政江は終戦の知らせを聞くことなく、１９４５年5月に死去していた。おおやけには肺炎で死んだとされる政江の最期はナゾにつつまれていた。

真冬の１ヵ月以上にわたる現地取材は目の前が真っ白になるほど横殴りの吹雪にみまわれた。病院で療養中の老人を夜遅く薄暗い廊下をつたって病室に訪ね、山奥までの雪道を何度も歩きながら、かつて竹下家の近隣にいた古老らに記憶の糸をたぐりよせてもらった。

そして得た「真実」は、「政江は自殺したと聞いた」という話だった。竹下本店に出入りしていた業者、通いの番頭、女中らから洩れ伝わっていたのだ。

竹下が政江と所帯をもつのは１９４４年3月。その5ヵ月後の8月、竹下は陸軍特別操縦見習士官に志願、軍隊生活に入った。復員は終戦の1945年9月。つまり竹下が実家に戻った時には、政江は死んでいた。

さらに終戦の年、竹下の実母、唯子が病死。その翌年、竹下の父・勇造は後妻・恕子と再婚し、竹下は現夫人・直子と所帯をもつ。すぐに長女・一子が生まれた。

その時、地元の古老の語った言葉に、いいようのない戦慄を覚えた。

「(竹下の父) 勇造にとって、家へ嫁いでくる嫁は他人じゃけん。政江は、軍隊生活の登のところへ勇造の〝行為〟をいうために訪れると、『帰れ』と叱られ、実家に帰れば同じように叱られ、思い悩んで自殺したのではないか……。田舎はね、出戻りは『よう、辛抱しない』ということで恥。女の格をひとつ下げる。嫁に行ったら、そこが死に場所。夫からどんなに虐待されても、『お前の死に場所は、向こうしかないんだぞ』と実家から言われる」

2階建ての竹下家の中は広かった。女中は4人ほどいた。1階は右側に土間。奥に台所、居間、仏間などが続き、母屋の裏側に、老人の隠居用につくった女中部屋、右側の奥に蔵があった。勇造はほとんど毎夜のように、〝火の用心〟で歩いていたと、勇造の旧友は療養兵の病室で語った。

「万が一、火事になって蔵の酒が町中に流れ出たら、掛合の町なんかひとたまりもないからと、勇造が『人に任せられん』と言って、自分で〝火の用心〟のために蔵の周囲をまわる。『戦中、戦後、一回も欠かしたことがない』と本人は言うとった。48年ごろの女中の一人は、慰謝料をもろうてるわ。ごつい女やったけどね。そいつに『お前、辞めるがね』と言うたら、『ええ』、『いつ、辞めるがね？』ちゅうたら、『嫁入り一切（の費用を）もらうまでは』と言うとった。そのうち『話がついたから、辞めるわ』と言うて辞めてったわ。

登の母の唯子は当時、『不治の病』といわれた結核だった。が、唯子は寝たっきりでもなかった。姿を見ることもあったけんど、登によう似た背の小っさいねえ。腰も低く、愛想もよかった。だれかれと分けへだてなく挨拶をして、いい人だった……。勇造は陸軍大尉やからねえ。県議や村長もやって、在郷軍人会では威張ってたもんだわ。酒が強く豪傑肌で、口角泡を飛ばして、2時間でも3時間でも話す男だった。国粋主義的な職業軍人で、人と接する時は人情を重んずる人間でした。勇造のことを登は、別に恨んではいないでしょう。それよりも、そのことによって父親に借金を負わせたような気持ちでいたのではないか」

元村長は炬燵《こたつ》で背をかがめながら呟いた。

「政江のことは地元じゃあ、有名な話だったけどねえ。登側が箝口令《かんこうれい》で押さえたんやわ。しゃべると、もう絶対叩かれるわ。土建業者だったら、もう商売にならんですわ」

それでも重い口を開くのは、秘書・青木伊平の自殺を悲しむからだった。

「ワシは本当に伊平君に世話になった。が、登は国会で『可哀そうなことをしました』とひと言も言わんかった。それでワシは頭にきた。愛情がない、登は。もう優しさがない。口の先だけで上手に言うもんだから……。島根で伊平君の世話にならんかった町村長はおらんとですよ。じゃけん、本当に悔しかった。登はワシにいつも、『総理大臣にならんとカネは貯まらん』と言っとった。ワシは悔しい」

古老は語った。

「戦前の男の少ない村のことじゃ……。男には逆らえん。登は父親に恥をかかせんようにした。自分が忍んでいればいいわけだから。勇造は、だから登が選挙に出る時、この辺一帯の山林地主で島根県知事まで務められた田部《たなべ》長右衛門に頭を下げて、息子の支援を頼みに行ったんじゃ」

国道54号線は終戦前後、ドロ道だった。木炭バスも走っていて、それに乗ると掛合町から政江の実家のある加茂町《かもちょう》まで1時間はかかった。19歳の政江は、トンネルすらなかったその険しい山道と峠をいったい、どのような心持ちで越えていたのだろうか——。

私は終戦前後に引き起こされた竹下家の血族にまつわる出来事を1993年2月、竹下登の封印された「過去」として『週刊現代』に書いた。竹下の妻となった二人の女性。そこには竹下の父・勇造が暗い影を落としていたのだった。長女・一子は、のちに自民党副総裁・金丸信の長男・康信に嫁いだ。前妻、そして伊平の自殺。山陰地方の一寒村にある竹下家と竹下夫妻の「過去」をすみずみまで知りうる人間はひとり、青木幹雄をおいていない。竹下のいう罪万死に値するの「罪」の根底には、19歳で自殺した前妻・政江の存在が影を落としていたのではないか。青木はその過去を、竹下の弱みとして握っていたのではないか。私にはそう思えてならない。

「青木は人の思いがわかる人間じゃない」

２００５年６月、掛合町を訪れたのは竹下の命日だった。墓園には真っ赤なツツジが咲き、竹下の墓碑は赤、黄色の百合の花に包まれていた。墓の前には封を切っていない煙草「ハイライト」が１箱、ポツンと供えられていた。竹下の嗜《たしな》んだ銘柄である。

当時、竹下の実家の近くに住む長老は、私にこうまくしたてた。

「（竹下）登に仕《つか》えとった（青木）幹雄が、掛合町に来て登の墓参りをしたなどというのは、１回ぐらいはあったかもしれんが、ほとんど聞いたことがない。参りゃあせん。登あっての今の幹雄じゃ。登や平《へい》さん（青木伊平）がいなかったら、今の幹雄はいない。幹雄は人の思いに頭をめぐらすような人間じゃない。何もわかっとらん」

00年６月、竹下登元首相の死去で、実家に弔問に訪れる人たち（島根県掛合町）

黒ずんで朽《く》ちた板の塀、黒と白の漆喰《しっくい》の壁で覆われた酒蔵が所々残っている。竹下の実家は造り酒屋だった。蔵の片隅には竹下本店の醸造酒「出雲誉」の板箱が置かれていた。この実家で父・勇造、母・唯子の長男として登が出生したのは1924年2月26日だった。

実家の裏の敷地内には2006年5月末に開かれる竹下の七回忌「偲ぶ会」にあわせて、竹下の遺品を展示した「竹下登記念館」（木造平屋、床面積約150㎡）がオープンすることになっていた。併せて、実家近くの国道54号線沿いにある道の駅・掛谷の里緑地公園に約2・2mの竹下の銅像が建立《こんりゅう》されるという。記念館の建築作業はすでに始まっていて、スギやヒノキなど木材でしつらえた建物の骨組みはできあがっていた。屋根に積もった雪を見ながら私は、5月末に開かれるセレモニーに「竹下の後継」を自任して憚《はば》からない参議院自民党議員会長・青木幹雄はどんな顔を見せるのだろうかと考えた。

掛合町の住民らは誰しも青木に冷ややかだった。

「郵政の小泉に寝返ったでしょうが、青木は。それでも何事もなかったようにして登さんの記念館の発起人に名前を連ねてくるんでしょうな。造り酒屋の竹下本店が傾いた時だって、青木が何か面倒をみたということは聞いたことがない」

実は、青木は発起人の一人どころか発起人の代表として名前があがっている。青木自身は最近「竹下の掛合町に行ってこなくてはならないなあ」と、満足気に周囲に語っているのだった。

青木は小泉の胸のうちを知っていた

日本海に吹き荒れる雪混じりの風に舞いながら、ウミネコがニャア、ニャアと甲高い鳴き声をあげていた。島根半島の最西端に位置し、白い石積みの外壁でおおわれた出雲日御碕《ひのみさき》灯台。その断崖から、ウミネコの繁殖地、経島《ふみしま》が荒波をあびているのが眼下に見えた。ウミネコは毎年12月ごろ約５０００羽渡来し、４月ごろに産卵。７月ごろには北方の海に飛んでいくという。この日御碕と出雲大社のある出雲市大社町が青木幹雄の出身地だ。もう一人の青木、竹下の犠牲になるようにして自殺した伊平の生まれ育った町でもある。

１月。出雲大社の本殿に至るすぐ真近の日本海から、冷たい強風がなだらかな丘陵に砂煙をあげて吹きつけていた。真冬の海はしぶきをあげた波でうねり、地響きとも人の叫び声ともとれる音が空に飛びかった。

丘陵の間には何本もの坂道があり、その両側には寒風から身を寄せ合うようにして家々が軒を連ねていた。さながら長屋のようでもあった。そこは、いまとなっては寂《さび》れているが漁師町だった。近くに漁港があった。大社漁港。小さな漁船が岸に押し寄せる波に揺らぎ、その陰で身をかがめるウミネコがいた。

丘陵の坂の中腹に、かつてこの漁師町の組合長の家があった。

くすんだ黒い瓦で覆われた中2階建ての朽ちた家。表に面して、1階は真っ白い障子が張られ、その下には格子《こうし》があしらわれていた。2階は薄茶色のペンキで壁が塗りたくられ、所々にひび割れがあった。この家の裏手には、地続きで鉄筋2階建ての家があった。

青木の生家だった。表の朽ちた家は、網元だったころの造りがそのまま残されていると、近所の住民は言う。まるで、この漁師町を一手に仕切っていた往時を、いまもって忘れさせまいとその象徴を残しているように思えた。

「板子一枚下は地獄」という言葉がある。海が荒れ海に落ちて、いつ死ぬかわからない危険と隣合わせの漁場の船乗りをさし、一寸下は地獄とも言う。大社町の漁民は冬場、荒れ狂う海に出てブリを獲った。気性も荒くなる漁場。その船乗りらを相手に代々網元をしていた家の長男が青木幹雄だった。

小泉が2005年の衆議院解散・総選挙に踏み切る数日前のことだ。青木は、大社町の青木後援会の幹部に一本の電話を入れてきた。青木はこのように言ったという。

「小泉は衆議院を解散することになる。その気で、総選挙の準備に入ったほうがいい」

このエピソードは総選挙の告示後、出雲市の市会議員らの会合の場で議員のひとりが披露した。「そういえば青木から事前に解散・総選挙の連絡があった。青木は早くから小泉の胸の内を知っていたんだ」とひとしきりささやき合ったという。

小泉の力を見抜いていた青木

青木が当時、森喜朗前首相とともに、小泉に対し、衆議院の解散・総選挙だけは何とか回避するよう説得工作をしていたかのようにメディアは報じていた。しかし、それは世間の目を欺《あざむ》くための表向きのポーズで、裏では小泉の翻意《ほんい》を最初から放棄していたことをうかがわせる。

そのころ青木は、地元の自民党県連幹部に事もなげにこう口にしていたのだった。

「小泉はオレの言うことを聞くんだ。オレの言うことは何だって聞く。小泉にはオレしかいない。小泉はオレが総理にさせたようなものなんだ」

「郵政法案」が衆議院でわずかな差で可決され、参議院で否決された。小泉はその直後、誰をもさしおいて、青木の部屋に向かっている。

メディアは法案が参議院で否決されたことで、〝青木神話が崩れた〟〝ドン・青木の威信低下〟などと書いたが、本当にそうだろうか。

法案が参議院でわずかな差で可決されていたら、小泉はない。解散・総選挙はなく、総選挙の圧勝もなかった。国会は荒れ、その元凶の小泉はレームダック（死に体）状態に入っていたのではないか。そこまで青木は、小泉の力を見抜いていたのではなかったか。

青木後援会の幹部の家を何度も訪ねた。最初は言葉を濁していた。が、私を家の中に招き入れると、青木への不満をあらわにした。

「衆議院議員の（竹下）亘《わたる》がしっかりしてくれないから、島根は青木の思うがままの天下になるんだ。だいたい、亘こそが一人、（竹下）登さんの後継を名乗れるんでしょうが。登さんとは血が繋《つな》がっているんだから。何で青木が後継者然とした顔をしていられるの。郵政法案だって、亘は当初、異を唱えていたが、法案の成立やむなしなどと言い訳をしながら、コロッと賛成に回ってしもうた。青木に首根っこを押さえられているからだ。青木にカネも握られたし、何のかんの言っても逆らうことはできないんだ」

竹下亘は竹下登の異母弟だ。NHKの記者から竹下事務所の秘書になり、竹下が病床から政界引退を表明した後の2000年6月、総選挙に出馬。選挙戦の最中に竹下が死去し、弔《とむら》い合戦になった。ちなみに小沢一郎の夫人と亘の夫人は姉妹で、新潟県の大手建設業者・福田組の創業者の娘だ。ともに田中角栄が縁を取り持ったという。

「登や伊平が生きとったら」

2005年の総選挙では、亘の選挙地盤・島根2区に平成研元会長・綿貫民輔《わたぬきたみすけ》と一緒に国民新党を結成した、島根県を選挙地盤にした亀井久興《ひさおき》元国土庁長官が名乗りをあげた。亀井は亘に約5万票差で敗れ、比例で復活当選した。選挙戦では郵政民営化法案の賛成に回った亘と、その背後にいて小泉に寝返った青木に対し、地元から「態度をコロコロ変えるのは認められることじゃない」と批判の声があがった。事実、青木らに猛反発した島根２区の特定郵便局長らの大半は亀井支持にドッと流れたという。

青木後援会の長老ですらこう嘆くのだ。

「青木はよりによって、何で小泉にひっくり返らなきゃならんのか。亘はまだまだ力がない。登や伊平が生きとったら、青木にこんな好き放題にさせるわけがないし、青木だって政治家として存在できんかったでしょう。だいたい、青木から政策めいた話を聞いたことがない。青木が小渕内閣で官房長官に就いた時、ワシらは青天の霹靂《へきれき》とまでは言わないが、これじゃあ、日本がおかしくなると、とても手放しで喜べんかったですわ」

登と伊平が生きていたら――。青木のことに話が及ぶと、青木や亘の後援会員らは二言目にはそう口にする。青木は竹下の後継ではない。が、亘は一人前の政治家にはほど遠く、青木の力を頼らなくては竹下の血が廃《すた》れていく。だから青木なだけだ。私には彼らがそう言わんとしている

02年５月、自民党島根県連主催の「島根政経文化パーティ」であいさつする竹下亘衆院議員（左）。右は青木幹雄参院議員（松江市内のホテル）

ように聞こえた。

東京・永田町の国会議事堂の裏手。衆議院第一議員会館と同第二議員会館の間をだらだら下る坂を山王坂《さんのうざか》という。その坂を下りきった十字路の一角に政治家の政治資金団体や派閥、個人事務所などが混然と入居した、11階建ての秀和永田町TBRビルが聳《そび》えている。

エレベーターを4階で降りてすぐ裏手の414号室は、他の部屋と比べて2割ほど広いスペースで、ドアに「竹下・青木事務所」と白いプレートが掲げられている。その部屋の隣、4階フロアの突き当たりの401号室には「青木幹雄事務所」とのプレートがあった。

二つとも生前、竹下が使っていた。414号室には竹下の政治資金団体の一つ、「新産業経済研究会」のプレートがかかっており、401号室は竹下の個人事務所だった。現在、その401号室の竹下が座っていた椅子には青木が座っている。もうひとつの414号室は表向きこそ竹下・青木事務所と二人の連名になってはいるものの、竹下の後継・亘が姿を見せることはほとんどないという。

本来、亘は竹下の死後、竹下の使っていた二つの事務所を継承すべき血脈にある。ところが実際は竹下家からみれば他人の青木が、亘を押し退けるようにして二つの事務所とも占拠、わがもの顔で竹下の椅子に座り、高笑いをしているというのだ。

青木は竹下の死後、いったい何をしたのか――。

青木による竹下事務所の乗っ取り

２０００年６月19日、竹下は死去した。竹下の葬儀は７月29日、掛合町で営まれた。青木は葬儀委員長として肩を震わせながらこう述べていた。

「（竹下）先生は、不幸にして昨年の春、突然病に見舞われました。入院以来１年、激痛で眠れない毎日であったことはよく承知しております。しかし、先生は、『痛いですか』と医師に尋ねられると、『今は日本中が痛い。世界中が痛い。みんなで我慢して頑張ろう』と答えをはぐらかしながら耐えておられたのです。（略）入院からちょうど１年、先生は決然と政界引退を決断されました。政治家として、私はりっぱな決断であったと今でも思っております」

その青木が秀和永田町ＴＢＲビルの竹下事務所に乗り込んできたのは、竹下が亡くなってからわずか数日後のことだった。青木は竹下の秘書らの前で、「もう竹下はいないんだ」と傲然と言い放ったという。

青木はまず、竹下に仕えていた秘書ら全員に退職願を書かせ、首にしようとしたのだった。この秘書の中には、竹下事務所の古参の一人でもあった青木の実弟・文雄も含まれていたらしい。そして青木は、自身がこれから事務所の主《あるじ》だということを誇示するかのようにして、秘書らにこのように言い含めたという。

「オレが嫌だという奴は、出てもらってかまわない。辞めたい奴は辞めていってかまわない」

青木は秘書全員をいったん首にした後、自身に忠実な秘書だけをふるい分けて使おうとしたのである。竹下家が主の死去で喪に服している間隙を縫うように起こした青木の挙動は、亘にとって寝耳に水だった。ましてや、この時期の総選挙に、亘は竹下の後継として出馬、竹下の弔い選挙を島根で戦わなくてはならない身だった。秘書らも青木と険悪になった。

しかし、亘は結局、青木に逆らう行動に出ることができなかった。竹下に40年来仕えてきた青木に、竹下の異母弟とはいえ、NHKの経済部記者から竹下事務所に転身した亘ではかなうはずもなかった。

秘書らは青木に反発し、竹下家の側につくようになり、事務所は一時、青木一人だけという空白期間があったという。

竹下家の本家筋は直子夫人だが、亘はいわば分家だ。本家の内情をすみずみまで知りつくした青木を相手に事を荒だてても、勝敗は目に見えていた。

二つの金庫と竹下の椅子

カネを制する者が派閥を制す——。青木が竹下の事務所を占拠し采配をふるうということは、竹下がオーナーだった旧経世会（平成研）と竹下の政治資金団体の二つの金庫のカギを握りうる立場に立つということを意味した。実態はともかく、政治資金報告書の上では当時、平成研の資金は繰越金を含め約20億円。竹下の政治資金団体は長期政策総合懇話会、新産業経済研究会など主に三つで約10億円近くが計上されていた。

総選挙だったこともあり、平成研の幹部らが、竹下の喪があけないうちからの青木の尋常ではない振る舞いに気づくのは遅かった。幹部らは定例の幹部会の席上、青木と会談を持ち、青木を問い質す場面があった。そこでは幹部らと青木の間で派閥の資金をめぐり、このような会話が交わされたという。

幹部「派閥の20億円ものカネをどうしようというのか」
青木「あなたたちは20億円というけれども、元々そんなにあるわけじゃない」
幹部「何に使ったのか」
青木「派閥を維持するのにどんなにカネが出ていくのか、わかるだろう」
幹部「竹下さんは知っていたのか」
青木「長年にわたって使ってきたんだから。竹下の生きている間はいろいろと物入りで大変だったことはわかるでしょう。わからないとでもいうんですか」

青木は、生前の竹下と一体となって資金繰りをしていた苦労をことさらに口にし、自身は勝手に派閥のカネに手をつけたのではないと強弁した。青木は、遺産を継承するのは竹下と苦楽を共にしてきたオレだ、いまさら何をわかりきったことを言っているんだと言わんばかりの口振りだったという。もはや勝敗は決していた。竹下の〝遺産〟をめぐり、竹下と青木の間で本当に意思疎通があったのかは、この期《ご》に及んでは確かめようもなかったのである。

ちなみにその後、総務省が2007年9月30日付で公表した04年政治資金報告書によると、平成研は2003年から2004年の繰越金を2億9720万円と記載。ところが2003年の報告書では2004年への繰越額を18億5348万円と記載しており、差額15億5628万円の「使途不明金」が明るみになった。「使途を明らかにしたくない金を『繰越金』として処理しているうちに名目上の金額が膨らみ、実際の繰越金はほとんどなかったと見られる」(読売新聞05年9月30日付)。長年に蓄積された「使途不明金」。つまり青木が竹下の死後、いち早く竹下の椅子に座ったのは、多額な『使途不明金』の発覚を怖れ、それを覆い隠すためではなかったか。

その結果、残されたのは竹下家との確執である。2005年11月末、私は政界を引退した野中広務に、青木と竹下家の確執について質していた。野中は憤懣《ふんまん》やるかたなしといった表情で吐き捨てるように言うのだった。

——青木と竹下家の関係はどうなっているのか。

「(竹下夫人の)直子さんは、青木に言いたいことはあったようだが、胸の内におさえ込む性格の人だから、よう言えんでしょう。永田町TBRビルには『竹下・青木事務所』と看板が出とるけど、実態はあそこに納まっているのは青木だ。（竹下）亘を衆議院議員会館に押し込んで、青木は一人で竹下さんの椅子に座っとるんだ」

——青木は竹下さんの死後、素早く政治的な遺産を乗っ取ろうとした。

「青木は最初、竹下の遺産すべてを乗っ取ろうとしたんだよ。すべてだ。青木はな、目の上のタンコブになるようなじゃまな人間は、誰でも切っていくんだ」

野中は「すべてだよ、すべて」と苛立ちを隠さずに繰り返すのだった。

——自分の天下になったと。

「そうだ。（元参議院議長の）斎藤十朗《じゅうろう》さんは温厚で人格者だった。青木はその斎藤さんを、自分の意に添わないからと、（参議院議長の座から）バッサリと切った。そういう奴なんだ、あいつは」

この時、青木は野中にも躊躇することなく、「参議院のことは参議院に任せてください」と言い放ったと伝えられる。

野中は、かつては盟友として、共に派閥を切り盛りしてきたはずの青木の存在すら否定するかのように、こう批判してやまなかった。

「青木はな、手練手管《てれんてくだ》であそこまで来た奴なんだ。政策めいたものはどこにもない。竹下さんの大物秘書だった伊平さんが死んだから、青木が竹下さんの側近のような顔をして出てこられたんだ。そうでもなかったら、とても出てこられる奴じゃない」

野中は興奮気味だった。

竹下の一介の秘書に過ぎなかった青木は、「竹下の名代」と呼ばれ、竹下に忠実に仕える「腹心」として政治家の地歩を築いてきた。竹下が1年間の闘病の末の2000年5月、政界からの引退を表明する際も、メディアによっては「青木官房長官（当時）は再三引退を思いとどまるよう説得したものの……」と報じる社もあった。

「竹下はオレが引退させる」

しかし、本当の姿はちがう。青木は竹下の引退を再三思いとどまるようにしたどころか、まったく別の顔を持っていた。青木は竹下の入院前後から、旧中曽根派の参議院自民党幹部らに対し、こうささやいていたのだ。

「あんたらだって、中曽根（康弘・元首相）さんがいまのまま、いつまでも現役で口出しをしてくるようではやりにくいでしょう。オレだってそうだ。竹下がいたのではやりにくい。あんたらは中曽根さんを辞めさせるようにしてくれ。オレは竹下を引退させるから」

青木からその言葉を聞かされた幹部は驚きながらも、思わず「青木さん、そんなこと（竹下引退）できるのか」と質した。青木は何食わぬ顔で、「竹下はオレの自由になる。何とでもなる。

オレの自由だ」と語ったという。

主・竹下登の生殺与奪を握っているというのだ。あるメディアの幹部によると、青木はかなり前から、竹下を見下すようにして、こう評していたという。

「竹下は掛合町の田舎の造り酒屋の息子だわな。オレの家はちがう。青木家は出雲大社の氏子。神を祀《まつ》る家だ。竹下とは家の格がちがう」

２０００年7月、青木は官房長官を退任した。この時、元参議院自民党議員会長・村上正邦らが料亭で青木を慰労し、青木が村上に、「亡くなった竹下さんの遺志を継いで派閥を守っていかなくてはならない。無役の傘張り浪人ではダメなので、政権の中枢の参議院幹事長にさせてもらえませんか」と懇願したことは前にも触れた。

結局、１９９８年に続き二度目の参議院自民党幹事長に就任したのだが、関係者らによると、実はこの慰労の席には参議院議長・斎藤十朗も出席していた。この場でも青木は、野心をむき出しにしたのだった。関係者らの証言から、この料亭の慰労会の場を再現すると――。

青木「幹事長にさせてほしい。どうしても同意できないなら無理にとはいわないが半年でいいんです、半年で」

村上「青木さんは前の幹事長の時、上杉（光弘・元自治大臣・平成研所属）さんのことを高く買っていて、『表は上杉さん、私は裏に徹する。果実はみんなで分け合うんだ』と言い続けていたじゃないか。話がちがう。上杉さんの処遇はどうするのか」

青木「上杉は派閥の面倒を見たことがない。上杉には雑巾掛けをさせたほうがいいんですよ」

斎藤「青木さん、それはやりすぎじゃないですか」

青木「あんたは黙っていてくれ。（参議院議長で）カネ集めの苦労を知らないし、派閥の面倒も見ていないじゃないか」

青木の幹事長復帰は半年どころか、２００４年7月に参議院議員会長に就くまで4年の長きにわたった。しかも復帰後、青木は真顔で周囲にこう口走るようになったと関係者は証言する。

「オレと手を組もう。オレと組めば何だってできる。できないことはない。自民党だってどうにでもなる。思うように動かすことができるんだから、オレと一緒になろう」

参議院を制する者は政治を制するという言葉がある。陰で青木は、自身を幹事長に引き立ててくれた村上をこうあなどっていた。

「村上会長があんな大きい顔をしていられるのも、参議院橋本派（平成研）が支えているからじゃないか。それを忘れてもらっては困るわな」

ある参議院元幹部は、「青木にあるのは政策ではない。策謀とカネへの執着、この二つだ」と言い切る。

参議院議長の首を切る

青木は人を容赦なく切って捨てる男だ。竹下家をないがしろにして派閥と金庫を乗っ取った青木が、その威力を背にして次にやったことは、2000年10月、同じ派閥に所属する参議院議長・斎藤十朗の首をとることだった。斎藤は三井銀行入行後、ロンドン大学に留学。元厚相の父・斎藤昇の死去に伴い1972年の参院選で当選。厚相などを経た後、1995年から2000年10月までの5年間、参議院議長を務めていた。

当時、青木は参議院選挙を控え、非拘束名簿式法案成立を焦っていた。斎藤は参議院での法案の与党強行採決は避けようとして、議長斡旋《あっせん》案を示し、節を曲げなかったため青木と対立。この時、青木は斎藤をこう脅したと伝えられる。

「議長を辞めたいなら辞めてもらっていい。あんたは苦労知らずのお坊ちゃんだから」

結局、斎藤は辞任した。立法府の長という権威をもつ斎藤が、当時、参議院自民党幹事長にすぎない青木に、バッサリ切られたのである。「青木ごときに」という悔しさもあっただろう。斎藤は青木より6歳年下だが、50

00年6月、故竹下登元首相の密葬に弔問に訪れた斎藤十朗参議院議長（東京・築地本願寺）

代にして参議院議長にのぼりつめた平成研のエリートだった。しかも、竹下夫妻が斎藤の結婚の仲人を務めたという関係から、竹下家と昵懇《じっこん》の間柄だった。

竹下は斎藤を「十朗、十朗」といって重用したという。竹下の死去した2000年6月19日、私邸にもどった竹下の遺体のそばで、弔問客の対応をしていたのも斎藤だった。

参議院元幹部によると、斎藤は辞任する直前、東京・世田谷区代沢の竹下邸を訪ねていた。応対したのは直子夫人だった。斎藤は悲痛な面持《おもも》ちで直子夫人に頭を下げながら、「仲人は親も同然です。参議院議長を辞すことに決めたので報告にあがりました」と語った。これを聞いた直子夫人は、涙を流して泣き崩れたという。直子夫人は泣きながら、斎藤にひたすら詫《わ》びるようにしてこう語りかけたという。

「竹下が生きていたら……、竹下が生きていたら、こんなことはさせないんですけどね……」

青木に対し直子夫人が、ふつふつとした憎しみの感情をいだいていることを感じさせる言葉だった。青木は派閥を乗っ取り、オーナーになり代わったばかりか、竹下家に追い打ちをかけたも同然だった。後に直子夫人は、竹下の関係者に憤りの感情をこうあらわにしていたという。

「斎藤十朗さんを辞めさせるなんて、青木さんは酷《むご》い」

小渕夫人の涙

青木が竹下家をないがしろにしたのは、これだけではない。

首相だった小渕恵三が脳梗塞で倒れ、公邸から東京・御茶の水の順天堂大学医学部附属順天堂医院に緊急入院したのは、2000年4月2日午前1時15分ごろだった。官房長官だった青木は、小渕が生死の境をさ迷っていたにもかかわらず、国民に病状を偽ったばかりか、密室での政権移譲をやってのけた。

小渕は、言うまでもなく竹下の直弟子である。直子夫人と、小渕千鶴子夫人も親密な間柄だった。竹下は当時、変形性脊椎症のため東京都内の病院に入院していた。

平成研の関係者によると、小渕が緊急入院した4月2日、直子夫人は何も知らされないまま、小渕も出席の予定だった、午後7時からの、俳優・杉良太郎、伍代夏子の結婚披露宴に出かけていた。

小渕が昏睡状態になるほどの重病だと直子夫人が知るのは、数日後、千鶴子夫人が初めて電話を入れてきた時だった。千鶴子夫人は電話口で嗚咽《おえつ》を洩らしながら、ただ泣いていたという。平成研の関係者は憤りを隠せなかった。

「小渕政権の生みの親は、竹下さんですよ。竹下さんは、小渕さんが倒れたことにどれほどショックを受けたことか。小渕さんの悲報を聞いてからの竹下さんは、ただうなだれて、茫然自失の状態だったんです。

青木は、小渕さんから首相の座を奪った張本人。千鶴子夫人は、青木に決していい感情を持っていない。その千鶴子夫人から泣きながらの電話を受けた直子夫人が、青木に、言いようのないわだかまりを持つのは当然でしょう」

竹下は小渕の無念を慮って、ただ手を合わせるだけだったという。

1987年10月、元首相・中曽根康弘の「中曽根裁定」によって、竹下と当時の総務会長・安倍晋太郎、大蔵大臣・宮沢喜一の3人のうち、竹下が自民党総裁に指名された。直子夫人はそのことに恩義を感じていて、青木に当てつけるように、「息子の中曽根弘文さんを参議院議長にさせてあげればいいのにねえ」というのが口癖だったと、平成研の関係者は言う。

青木は、奪えるものはすべて奪いつくしてきた。自身を育ててくれた竹下の遺産も本来の継承者を押し退け奪った。小渕の首相の座も、まだ生きていたのに死んだこととして奪った。青木にとって竹下は過去の人でしかない。権威さえ奪ってしまえばいい。

青木と竹下家の拭いがたい確執は、起こるべくして起こった。すべての原因は青木にある。青木が竹下に代わってオーナー然として笑っていられるのはただ一点、竹下家が沈黙してきたからだ。

いったい、竹下家は青木をどのように見ているのか。どんな感情をいだいているのか。私は、竹下家のありのままの声を聞きたかった。

竹下の娘がもらした言葉

私鉄沿線の下北沢駅で降りたのは、2006年1月中旬だった。下北沢の南口通りの商店街は、なだらかな狭い坂道を行き交う若者らと肩がぶつかるほど賑わっている。その商店街を抜けて5分も歩くと、世田谷区代沢3丁目の閑静な住宅街に着く。その一角に瀟洒《しょうしゃ》な造りの竹下家があった。

竹下は3人の娘をもうけた。竹下家で会ったのは次女のまる子だった。彼女は元毎日新聞記者・内藤武宣《たけのぶ》のもとへ嫁ぎ、直子夫人の日常の世話をしている。竹下に似て小柄だった。私が、「青木幹雄さんについて取材している。掛合町にも行ってきた」と告げても、彼女は物怖《ものお》じすることなく、大きな目で私を見据え、笑顔を絶やすことがなかった。私は単刀直入に切り出した。

――「青木さんの今日あるのは、竹下さんがいてこそだ」と出雲の人々は口にしている。ところが、竹下さんの墓参りにはほとんど顔を見せていない。知っていましたか。

「エッ、そうなんですか。(出雲では)そう言われているんですか。知りませんでした……」

それから私は矢継ぎ早に質問した。

――青木さんは、竹下さんらが手塩にかけた派閥・平成研を捨てて小泉支持に走った。派閥が壊滅的な打撃を受けたことをどう思いますか。

——竹下さんが残した派閥、カネなどの政治的な遺産を、青木さんは、亘さんを押し退けるように自分のものにしていったじゃないですか。

しかし、まる子は戸惑い、「何と言うか……」と繰り返すばかりだった。口を濁しているようにも感じさせた彼女が、質問が直子夫人に触れたときに反応した。

——竹下さんが仲人をした元参議院議長・斎藤十朗さんが、青木さんからバッサリと首を切られたとき、直子夫人は「竹下が生きていたら……」と泣いたそうですね。青木さんは、どこまで竹下家をないがしろにすれば気が済むのでしょうか。

「(竹下家は)父の代から、怒らない、気配りを忘れずに全員仲良くしていくというような流儀でした。私たちは気配りをするにも、相手に何も言わないですることだと、父から言われて育てられました。そのことをわかってください」

私には、父・竹下登を持ち出すことで、青木に対し痛烈な皮肉を言っているふうにも思えた。竹下家に対し何ら気配りすることなく、仲良くやっていこうにも、怒らせ、ないがしろにするようなことばかりをやる青木に、父の流儀に反していると言いたかったのではなかったか。

最後に私は、「青木さんについて、私はどうしても認めることができず、何度でも出雲に行って取材する」と言ったら、彼女は一言、「取材したことを書かれるのは自由ですから、どうぞ。

でも、少しは青木先生のいいところも書いてあげてくださいね」と笑顔で語るのだった。しかし彼女は、私の問いかけの最中、一言も「青木先生はそんな人ではない」と否定することはなかったのである。

掛合町で営まれた竹下の葬儀の時だった。直子夫人の近くにいた地元の参列者は、青木が夫人に対し命令口調で、「あんたはここ」「ここに座って！」と指図する場面を目撃したという。その参列者は私に「青木の振る舞いは異様だった」と嘆くのだった。

側近のいないキングメーカー

青木は、竹下に代わって派閥のオーナーになったばかりか、参議院を制し、その力で権力の中枢に食い込み、陰のキングメーカーになった。

青木がここまでのぼりつめられたのは、自分のまわりの人間を容赦なく切り捨て、それでも竹下家がひたすら沈黙してきたからだ。野中広務は青木の裏切りで、小泉らによる包囲網を築かれ、政界引退に追い込まれた。元参議院議長・斎藤十朗の首をバッサリ切ったのは前述した。前回の総選挙でも、小泉と青木が手を結び、「刺客」が送り込まれて落選した議員は数多い。

いうならば青木幹雄とかかわった人間は、竹下登や小渕恵三のように死ぬか、村上正邦や瀧川俊行のように逮捕されるか、野中広務のように引退に追い込まれるかだ。竹下や小渕の死にしても、決して自然なものではなかった。相手が誰であれ、その生殺与奪を握る。それが青木幹雄の本性である。

もはや、青木に盾つく自民党の政治家は誰もいない。青木の悲劇はここからだ。周囲の人間を次から次へと切ってきたことで、青木を本気になって支える側近と呼べるような人物がはたしてどのぐらいいるのだろうか。青木を心底信用する者が、はたして何人いるだろうか。小泉のような「政敵」と手を結んでまで、角栄や竹下と同じ釜の飯を食ってきた仲間を追い落し、見殺しにするような逆臣というべき存在の男に、いったい誰がついていくというのだろうか。同じくキングメーカーと呼ばれた竹下、野中とのちがいはそこにある。

こんなエピソードがある。青木は1999年10月、野中の後任として小渕政権の官房長官に就いた。その直前のことだ。青木は平成研の幹部らと秘書官の人事で、こんな会話を交わしたという。

青木「実は、オレが本当に信用して、官房長官の秘書官につけられるような人間が、オレのそばにいないんだ」

幹部「本当に一人もいないんですか」

青木「いない」

幹部「どうするんですか」

青木「いま小渕についている、首相秘書官の古川（俊隆）はどうだろうか」
幹部「何を言っているんですか。小渕さんのところから離れてくるわけにいかないでしょう」
青木「そうだよなあ」

小渕秘書官の古川は、古くから青木の麻雀仲間だった。早大雄弁会の同輩でもある。青木の競馬、麻雀など、高額なカネを賭けた「ギャンブル狂い」は県議時代からつとに知られ、青木は県議らと上京すると、陳情は他の県議らに任せ、自分は赤坂プリンスホテルに借りてある和室で連日のように麻雀だったという。この時の欠かせないメンバーが、「幹先生、幹先生」とついて離れなかった古川だった。

野中から青木へ、旧官邸で官房長官の引き継ぎのセレモニーがあった時のことだ。二人が並び、野中は「いままで、ありがとう。これからは青木さんですが、私でお手伝いできることがあれば何なりと……」と世間的な挨拶をした。

ところが青木は、「これから私は、私のやり方でやっていく。誰の力も借りないで」と、誰が聞いても野中への当てつけのような挨拶をしたのだった。野中は顔を赤くして口を真一文字に結び、青木の顔に目を向けることはなかったという。

参議院議長への野望

青木がいみじくも吐露したように、青木の周囲には、秘書官に登用し、官房機密費や参議院自民党から上がってくる莫大なカネを任せられる側近がいなかった。青木には、当時、竹下事務所の秘書をしていた実弟の文雄がいた。が、青木の口から文雄の名前は出なかったという。結局、青木は、山陰中央テレビにいた長男の一彦を、同局を辞めさせて呼び寄せ、秘書官に据えたのだった。青木にとって信用できるのは、つまるところ息子しかいなかったのである。

私は出雲市で、一彦の名前をたびたび聞かされた。何度か訪ねた大社町青木後援会の古参幹部は、重い口を開き、声を潜めるようにしてこう語った。

「幹雄はな、いま頭にあるのは、2007年夏の参議院選挙の後に、参議院議長にのぼりつめることだけだわ。その後、幹雄は自分の後継に、秘書をやっている一彦を据えていくつもりや。一彦は当面、県議からやらせることになると思うけどな」

キングメーカーの青木は、現在の参議院議員会長にあきたらず、立法府の長・参議院議長という名誉ある肩書を欲しているというのだ。そして息子の一彦を、自身の後継に据える準備に入るという。もともと竹下の選挙地盤だったものを、青木は竹下家ではなく、自身の野心と青木家の世襲のための地盤に変えてしまっていた。選挙地盤すらも竹下家から奪い取ったのだ。出雲の一見してひなびた、しかし冬場ともなれば荒れ狂う海を相手にしてきた漁場から出てきた青木幹雄の血だ。

「竹下とは家族のように一緒だった」

ドシャ降りの雨が降りやまなかった。

２００６年５月27日、雲南市掛合町で竹下登の遺品を展示した「竹下登記念館」の落成式と竹下の「銅像」の除幕式が開かれた。

出雲から掛合町に近くなると、峠を越えるかのようにトンネルを四つもくぐる。そこを抜けると、ものの５分とかからずに、竹下の実家で、造り酒屋だった「竹下本店」に着く。

この敷地内につくられた竹下登記念館の館内には、竹下の手帳や名刺、書道具などが展示されていた。名刺は「内閣総理大臣　竹下登」と、ただ「竹下登」と印された２種類で、手帳は意外に空白が目立った。

実家近くの国道54号線沿いに、国内で初めてつくられた道の駅、「掛合の里」の広場が

06年５月、雨の中、故竹下登元首相の銅像除幕式が行われた（島根・雲南市）

ある。ここで、竹下の「銅像」の除幕式が行われた。

　幕で覆われた銅像の右手に夫人の竹下直子、異母弟の竹下亘や綿貫民輔、野中広務、扇千景《おうぎちかげ》、左手に竹下の三人の娘、一子、まる子、公子と青木幹雄、額賀福志郎、津島雄二、また画家の平山郁夫、日本テレビ議長・氏家齊一郎《うじいえせいいちろう》、NHK元会長・海老沢勝二《えびさわかつじ》らが立ち、それぞれ紅白に分かれた綱を引いた。

　雨の降りしきる会場から「オオー」と、どよめきの声があがった。

　竹下の銅像は、全身が泥を塗りたくったような褐色であしらわれ、固く握りしめられた両手、ネクタイを締めた風貌は総理就任時のようで、目は実家のほうに向けられていた。台座には平山郁夫の書で、こう刻まれていた。

「島根に生まれ　島根に育ち　やがて島根の土となる　竹下登」

　掛合町体育館で「偲ぶ会」が催された。正面に大型のスクリーンが据えられ、竹下の葬儀の時の映像が流された。そこには目を真っ赤に泣きはらして弔辞を読みあげる青木の顔がアップで映し出された。異様だった。礼服に黒いネクタイ、胸に大振りの白いバラをつけた発起人代表の青木は、幾分こわばった顔で、こう口を開いた。

「竹下と別れたのは、6年前（2000年）の6月19日のことだった。選挙に明け、選挙に暮れて去った。まさに（第42回）衆院選の最中だった。竹下と私は、50年近く議員と秘書という関係を通り越し、親子のように、兄弟のように、家族のように一緒にやってきた」

親子、兄弟、家族のように一緒だった――。竹下との仲を野太い声でこう口にして憚《はばか》らない青木の顔を見ながら、私はふつふつとしたわだかまりを覚えてならなかった。

では、竹下の直弟子だった小渕恵三が生死の境をさ迷っている最中に、国民に真っ赤なウソをつき、小渕から森へ政権移譲のクーデターを起こした張本人は誰だったか。

病に臥している竹下のことを、「竹下はオレの言うことは何でも聞く。オレと一緒に組もう」と口にしていたのは誰か。

竹下の死の直後、事務所のあった永田町TBRビルに乗り込み、竹下の椅子に座り〝これからはオレが仕切る〟という高飛車な態度で、竹下が目をかけた秘書らにクビを〝通告〟したのは誰だったか。

青木幹雄、その人ではなかったか――。

竹下家の冷たい視線

「偲ぶ会」での青木はしかし、饒舌ですらあった。

「忘れもしない。竹下の第1回（衆議院）選挙は、竹下34歳で島根県議2期目の時だった。いまとちがって、通信も道路も発展していない、無名の闘いだった。私は早稲田大学の学生だった。

舗装をした道路がなく、ジープにタオルをぶら下げ、それにつかまりながら、飛び出さないように、頭をぶつけないようにして、二人で闘った。

一日が終わると声はガラガラで、(選挙事務所の)台所の手伝いのオバさんに『コップに水をください』と言って、二人で飲んだ。2杯目を飲み終わったころに何か変だなと。『竹下さん、疲れたでしょう』と言われるがままに飲み、水か、酒かわからなかった……。1958年5月1日のことだ。城南三差路で、竹下は『島根に生まれ　島根に育ち　やがて島根の土となる』と……」

青木は時に会場を沸かせながらここまで語ると一転、声を震わせ言葉に詰まるのだった。目は赤く、涙を浮かべているようだった。しかし私には、ことさらに「二人だけで闘《こと》った」と〝運命共同体〟の関係を誇示し、返す刀で周囲を威嚇しながら、過去を美談で糊塗した浪花節をうなっているように聞こえた。

青木は最後に語った。

「(第1回選挙は)10万票でトップ当選だった。それから42年間、(国会議員に)在任し、消費税をやった。(竹下の異母弟)亘君というりっぱな後継者をつくった。掛合町に魂が帰ってきている。(竹下の)〝わが道〟をしっかり引き継いでいく」

会場で、青木と袂《たもと》を分かち、政界引退した野中は、前列の左と右に分かれ、決して歩み寄ろうとしなかった。野中のそばには竹下亘、西田司《まもる》らがいた。血で血を洗う争いの遺恨が、いまだ燻《くすぶ》っていることを如実に示す場面だった。

遺族代表として、竹下夫人・直子が杖をつきながらゆっくりとマイクの前に立った。小柄で顔は青白く、目は赤かった。直子は訥々《とつとつ》と語った。

「(竹下の)銅像を私はどうしても、まともに見ることができなかった。竹下と手をつないで二人で歩いたことを憶い出す。いつか、ゆっくりと(銅像を)見たい。1年前、足が動かなくなり、腰の手術をした。2回ぐらい転んだ。こんな格好で申し訳ない。

2月の私の誕生日、6月の竹下の命日には国会議員を辞められた野中広務、西田司先生の二人が来て私を慰さめてくれる。マスコミの方も誕生日に食事会をして支えてくれる。去年まで、(竹下は)どうして私を置いて行っちゃったのという気持ちだった。いまは少しは感謝の気持ちが出てきた。頑張っていきたい」

直子の口からは一言も青木の名前が出ることはなかった。私はそこに、竹下家が青木に対し、いかに冷めた目で見ているかが感じられてならなかった。

会場を後にした私は、竹下の実家の裏手にある竹下の墓碑に向かった。雨はドシャ降りで、境内に至る石段には苔《こけ》が生えていた。墓の中央にポツンと煙草の「ハイライト」が1箱供えられ、両端に白と黄色の大振りの百合の花が飾られていた。

夏草や兵《つわもの》どもが夢の跡——。5月の肌寒い日にもかかわらず、私の脳裏にフッと芭蕉の句がよぎった。

それから1ヵ月余りあとの2006年7月10日、うだるような暑さの京都で会った野中は、青木への憤りをこうぶちまけるのだった。

「(偲ぶ会で)直子夫人は、竹下の誕生日にオレと西田司が来てくれるというようなことを言っていたが、二人だけじゃない、綿貫(民輔)だっている。でも、オレと西田の二人の名前だけあげた。(直子夫人が)青木を許していないことの象徴だ。青木は『竹下、竹下』と呼び捨てにしていた。オレが竹下をつくったと言わんばかりじゃないか。なんだ、あいつの態度は」

「青木はあまりに露骨だ」

小柄なその男は、車椅子に乗り、私の前に姿をあらわした。窪んだ頬、眼光鋭く、言葉はくぐもることなく、ときに饒舌ですらあった。自宅応接間のテーブルに置かれた茶菓子を私に勧めながら、自身が菓子を取る手は、わずかながら震えていた。

福本邦雄、80歳(取材当時)。東京大学卒業後、産経新聞記者から、第2次岸信介内閣の官房長官で自民党の重鎮だった椎名悦三郎の秘書官に転じた。大平正芳、中曽根康弘、竹下登、宮沢喜一ら歴代の首相らと親しく、なかでも竹下とは、彼の政治経歴にかかわる影法師のような存在だった。

福本は財界人脈もひろく、画商を営みながら、短歌への造詣も深く、政界の陰を知りうる「最後のフィクサー」と呼ばれていた。

私が福本に会うために、渋谷駅から私鉄・東急東横線に乗り、田園調布駅に降り立ったのは、うだるように暑い、２００６年７月下旬のことだった。ドシャ降りにみまわれた竹下の銅像の除幕式から２ヵ月経っていた。

私は福本に、その式典の記念品としてもらった竹下の追悼集を、「私より、福本さんが持っておられた方がいいでしょう」と言って手渡した。福本は「すみませんね」と言って、痩せ細った手で追悼集を見ながら、唐突にも、流れる涙を拭うことなく、こう呻くのだった。

「銅像なんてつくるべきじゃないんだよ……。権力者というのは、英雄視されずに土に還《かえ》らなくてはならないんだ。銅像をつくるのに５０００万円か、６０００万円かかっているのか。そんなカネがあったら、(竹下夫人の) 直子に渡したらいい。直子だってカネがあるわけじゃないんだから。それを青木が中心になって……」

福本の声は震えていた。青木が自身の権勢を誇示するために、竹下の銅像のセレモニーを政治利用しているというのだ。私は、福本が青木幹雄という存在をどう見ているのかを聞きたかった。

「竹下の秘書を長い間やっていただけに、青木には直子も（竹下の弟）三郎も口を出せないでいる。三郎が選挙にでも出ればいいのに。青木は島根の選挙区を仕切り、竹下の（政治資金団体）『長期政策総合懇話会』を乗っ取り、島根の県議会や自民党県連、そして東京も仕切っている。青木は、（竹下の）遺族らが何も言わないことを、口が出せないことをいいことに、あまりに露骨だ」

竹下の死後、青木が東京・永田町のTBRビルにある竹下事務所を乗っ取り、それまでの竹下の秘書らのクビを切ろうとした時のことを福本は身を乗り出すようにしてこう言った。

「（秘書の）波多野誠だけは残した。（竹下の）総理秘書官をやっていたから、安倍晋太郎の息子・晋三との関係があるからな。使えるわけだ」

大義なき裏切り

小泉純一郎元首相による2005年8月の「郵政解散」。参院で郵政法案が採決される2日前、森喜朗元首相は小泉と会った。その会談後、外に出てきた森は、ビール缶を握りつぶし、つまみに干からびたチーズが出たことを披露。小泉は、「オレは殺されてもいい」、「オレは非情だ」という言葉を口にしたと語った。メディアは小泉が衆院解散に並々ならぬ決意を持っていると報じた。直後、一気に解散モードに突入していった。

07年１月、国会の開会式に臨む自民党の森喜朗元首相（左）と青木幹雄参議院議員会長

しかし、この〝干からびたチーズ〟の場面は、小泉と森による自作自演のパフォーマンスだった。森自身、『週刊朝日』05年9月2日号でこう吐露していた。

「あの日は（小泉）総理と相談したんだよ。『外に出て、マスコミになんて言うかな』と言うと、（小泉首相は）『怒って出てくれ』と。『俺は殺されてもいい』と。（略）それだけ強い意欲だったので、私には参院をはじめ、反対派の皆さんに、総理は『否決なら解散』という警鐘を打ち鳴らすというポーズが必要だったのです。だから握りつぶしたビール缶を持っていくよ、と言って」

小泉と森。二人の演出にメディアは熱に浮かされたように踊らされた。そして郵政法案は参議院で否決されたにもかかわらず、衆議院の解散に至るという暴挙が強行されたのだ。その陰にもう一人の主役がいた。早稲田大学在学中から、森の兄貴分だった青木だ。青木にとって森は、自在に使える存在だった。福本はこう指摘した。

「森と青木の二人は、まったくといっていいほど表と裏の関係。森は『隠れ青木』であり、青木は『隠れ森』だ」

竹下は「親殺し」と非難を浴びながら、１９８５年１

月、派閥の「創政会」（後の経世会）を立ち上げた。田中角栄は激昂し、脳梗塞で倒れた。角栄を裏切った竹下。その竹下の寝首をかくように食いものにした青木。裏切りは同じでも、権力を手にするプロセスはまったく対照的ではないか。

2003年の総裁選で青木は、小泉の軍門に降り、2005年の郵政法案審議では参議院自民党会長として、何の抵抗をすることなく、小泉に参議院を明け渡したといっていい。結果、角栄の系譜に連なる派閥は分裂した。青木は、竹下がつくった派閥ばかりか、参議院も裏切ったのではないか。しかも青木は、自身のために裏切りをしたのではないか。私は福本に尋ねた。

「青木のやったことは大義なき裏切りだ。田中角栄は竹下に対し、『県議あがりで総理までやった。（創政会の〝母体〟になった）あの勉強会を内輪の会にしろ。そうしなければ許さない』と言っていた。

公然と角栄に反旗を翻したら許されない。竹下は後に、『生きるか、死ぬかの思いだった』と言った。青木はそのようにして派閥を結成し、総理の座をつかんだ竹下をわかっているとは、とうてい思えない」

「親殺し」と非難されながら命がけで権力を握った竹下にくらべて、青木の権力奪取の醜悪さが際立つ。

福本は言葉につまりながら、こうも語った。

「露骨な青木。小渕が病院に担ぎ込まれ、森を後継の総裁に選んだ時だった。（竹下夫人の）直子は何も知らずに、（俳優の）杉良太郎の結婚披露宴に行ったんだ。直子は、『あの一日だった。あの一日、知っていれば（小渕に）会えたのに……』と悔やんでいた。よりによって、青木は直子に知らせていなかった……。

政治は冷酷で残酷なものだ。が、だとしても、青木のやっていることは何か。竹下家のものを全部、自分のものにしようとしている。（竹下の異母弟）亘も飛ばされるのではないか。私は青木のような政治家を見たことがない」

その半生を竹下とともに生き、「最後のフィクサー」と呼ばれた男が、涙ながらに青木への恩《おん》讐《しゅう》をあらわにしたのだった。私は福本に、竹下になり代わって竹下の「遺言」を口にしているような姿を見た気がしてならなかった。

苦しみながら死んでいった男

福本邦雄と会ってから2ヵ月後、一枚の写真が朝日新聞（06年9月22日付）に載った。

安倍晋三が自民党総裁に選出され、一夜明けた2006年9月21日の朝のことだ。安倍は東京・代沢の竹下登邸を訪ね、竹下の仏壇に線香をあげた。焼香後、安倍は竹下邸を後にする前に、玄関先で一礼する。写真はその瞬間を撮ったものだが、問題なのは一礼した相手だ。そこには口に笑みを浮かべ、かいがいしく返礼する青木幹雄がいたのである。

なぜ、ここに青木がいるのか。竹下家のことなのだから、本来、そこにいるのは青木ではなく、竹下の血をひく弟、衆議院議員・竹下亘ではないか。私はここに、竹下家をも手のひらに乗せ、自身の権力誇示のために政治利用する青木のふてぶてしい野心を垣間みた気がした。

生殺与奪の男・青木によって、元首相・橋本龍太郎も苦しめられながら死んでいった一人ではないか。

橋本が多臓器不全と敗血症性ショックのため、入院先の国立国際医療センターで死去したのは2006年7月1日だった。68歳だった。

橋本は1996年1月、村山富市に代わり首相の座に就くも、1998年7月の参議院選挙で自民党が敗北した責任を取って辞任。2000年7月、平成研（橋本派）会長に就くが、2004年7月、日歯連からの1億円ヤミ献金事件の責任を取り、派閥会長を辞任した。

私は、橋本は、青木にかかわったことによって死んでいったような気がしてならない。

平成研は派閥会長こそ橋本だが、彼はオーナーではなかった。竹下の死後、その金脈・人脈を乗っ取り、事実上のオーナーとして実権を握っていたのは青木である。橋本はいわば派閥の「雇われマダム」で、群がることを好まず派内で孤立しているような存在だった。その橋本が1億円ヤミ献金事件の発覚直後、苛立ちを隠さず記者団にこう言い放った。

「何か私に責任がありますか」

私はこの言葉を聞いた瞬間、橋本がある人物に発したメッセージではないかと感じた。その人物とは青木である。前述したように、料亭「口悦」の会合は、日歯連が参院選で自前の候補のために平成研の協力を得ようとセットされたものだった。1億円の小切手はそのための提供資金だ。

参院選の最高責任者は青木である。「口悦」の会合は、青木がそこにいたからこそ成り立つ。橋本の役目は料亭で1億円の小切手を受け取り、平成研事務局長の瀧川に「はい、これ日歯から」と小切手を右から左へ渡しただけではないか。つまり橋本は料亭の飾りであり、カネ（小切手）の運び人として使われたのではなかったか。当の責任者・青木は、無傷のまま派閥を握り、参議院に隠然たる力を持ち、生きのびた。

橋本は平成研会長を引退する直前の派閥幹部会で、青木に対しこう言い放ったという。

「あなたは何でも自分で決めていくのが得意だから」

青木は意に介さない様子で、ただ「いや、いや」と言うだけだった。

橋本龍太郎という男の最期と1億円ヤミ献金事件――。橋本久美子夫人は07年10月出版の『夫橋本龍太郎　もう一度「龍」と呼ばせて』（産経新聞社刊）の中に、「1億円事件」という章を設け、こう語っていた。（一部抜粋）

「龍が、1億円の小切手を渡されたといわれる料亭に行っていたのは事実ですが、そこで1億円の小切手を渡されて、龍が実際に背広の内ポケットに小切手を入れて、翌日、平成研の瀧川俊行元会計責任者に渡したという一連の動作が『なかった』とは証明できないでしょう。現実に『1億円があった』と瀧川さんが言って、翌日には換金していますから。だから、小切手は瀧川さんに渡っていたことは間違いないのでしょう」

「龍は本当に悔しくて、残念で、不愉快だったと思います。だいたい事件自体がなんだかよくわからないままじゃないですか。事件が報道されてから、龍は精神的にまいってしまい、寝付けなくなっていました。私がとてもいやだったのは、龍が睡眠導入剤を飲んでいたことです。なんとか薬を飲まずに眠られるようになったらいいのにと思っていました。結局、薬を飲まずに寝られるようになったのは、亡くなる前に、集中治療室に入ってからでした。日中も、普通ならお天気がよければ明るい気分になるところ、『そんな気分にならない』というぐらいに、1億円事件は彼の気持ちに暗く重い影を落とし続けていました」

「私としても、どう考えても、すべては龍の全く知らないところで起こったとしか思えないのです。どこかでストーリーが作られていたんじゃないかと思えてしかたないんです。この問題は、小切手が渡されたとされる平成13年から、新聞報道で表面化する平成17年まで、ずい分長い時間が経っています。(略)

私は、龍は1億円の小切手を受け取っていないと思っています。これは、一緒に暮らしていたものの皮膚で感じる勘というか、確信ですね」

橋本の最期は悔しくて夜も眠れなかったという。久美子夫人は、すべては橋本の知らない場でストーリーがつくられていたのではないかと訝《いぶか》った。では、そのストーリーをつくったのは誰か。なぜ橋本は、料亭「口悦」に行ったのか。その料亭で橋本に1億円の小切手を受け取らせるように仕向けたのは誰なのか——。

私が最後に橋本の姿を見たのは2006年5月11日、小渕恵三の七回忌にちなんで赤坂プリンスホテルで催された「偲ぶ会」の場だった。橋本は壇上でこう挨拶したのだ。

「(小渕)恵ちゃんが病に臥せていた時、ある人から『(俳優の)杉良太郎さんの結婚式(披露宴)でおまえが(小渕の)代返をしろ』という連絡を受けた。細かいことは言えないが、小渕は病院に運ばれたんだと思いながらもウソをつき通した。(小渕は)帰ると信じていたからだ」

ウソをつき通したという橋本。彼がいみじくも口にした「ある人」とは青木幹雄その人である。前述したように杉良太郎の結婚披露宴は、小渕が順天堂医院に運ばれた2000年4月2日の夜にあった。青木は派閥会長の橋本にすら小渕の本当の病状を知らせず、国民を欺く情報操作の片棒を担がせていたのか。橋本が死去するのは、小渕の「偲ぶ会」から2ヵ月後のことだった。

第4章　青木の罪状

「新しい平成研」に込められた意味

東京・紀尾井町のホテル・ニューオータニ。２００６年1月13日、空が薄暗くなりかけた夕刻、黒い高級車が次々と1階正面玄関に滑り込んできた。玄関前には、一目でＳＰとわかる屈強な男が10人ほど立っている。

騒然とした雰囲気のなか、薄いグレーのスーツに黄色地の縞《しま》模様のネクタイを締めた、白髪の小柄な男が車から降り立ったのはおよそ午後5時半。男は張りつめた面持ちで、周りを睨みつけているようにも見えた。この日、自民党派閥・平成研究会（平成研）が開いた政治資金パーティの主役、青木幹雄である。

平成研が政治資金パーティを開くのは2年ぶりのことだった。幾つものシャンデリアが燦然《さんぜん》と輝くホテル1階の大広間「鶴の間」には約３０００人が集まり、人いきれでむせかえるようだ。午後6時、壇上に立ったのは２００５年末、平成研の会長に就いたばかりの津島雄二元厚生大臣。津島は「来年（２００７年）夏の参議院選挙は、生きるか死ぬかの闘いになる。平成研は青木参議院議員会長以下、結束して闘おう」と勇ましそうにぶち上げたものの、言葉に抑揚がなく、どこか気迫に欠けていた。当の青木はというと、壇の脇の議員席で、津島に一度として目をむけるでもなく、参議院自民党幹事長・片山虎之助らと輪になって談笑している有り様だった。

津島はしょせん、青木の手のひらで踊る、傀儡《かいらい》の会長にすぎない。平成研は元首相・橋本龍太郎が会長を辞任して以来、１年半にわたって会長の椅子が空白になっていた。その原因は、２００３年の総裁選で青木が小泉純一郎の支持に回ったことで派閥が股裂き状態になり、その遺恨の対立が燻り続けていたためである。

津島は、東大法学部卒で大蔵省入り。夫人は作家・太宰治の長女で、県知事、国会議員を務めた津島文治《ぶんじ》の姪。青森の名門の出身だ。20年近く宏池会（旧宮沢派）に所属し、平成研に移って10年余りしか経っていない、いわば官僚あがりの外様である。その津島の会長就任を最終的に了承したのは、いうまでもなく青木だった。

06年２月、自民党津島派（平成研究会）のパーティで、あいさつする津島雄二会長（東京都内のホテル）

パーティ会場でその青木が笑みを浮かべながら登壇したのは、乾杯の音頭をとる時だった。壇上には青木を真ん中に平成研の所属議員や他派閥の代表ら約１００人近くが並び、会場はざわついた。青木は声を張り上げんばかりにして、こう言うのだった。

「新しい平成研がしっかりとスタートし

た。来年夏の参議院選挙は、衆参力を合わせて全力で闘っていきたい」

会場は拍手の渦に包まれた。会場の片隅にいた私は、違和感を覚えてならなかった。青木は「新しい平成研」という言葉を使うことで、自身が頂点に立つ、事実上の青木派に生まれ変わったことをアピールし、血で血を洗う内部抗争にまで行き着いた総裁選の分裂劇を捨て去ろうとした。

しかし、あの抗争は平成研という派閥の次元にとどまらず、青木が小泉と組むことで権力の一極集中、言葉を換えるなら、誰一人として反逆できない暗黒政治を生み出したのである。その結果、彼らは何をしたのか。改革と称するただの破壊、そして弱者の切り捨てである。

道路公団への電話

「無駄な道路をつくらない」——そこから始まったはずの、道路公団民営化とはいったい何だったのか。高速道路の整備計画9342kmのほぼ全線の建設が決まった。2006年2月7日、政府の国土開発幹線自動車道建設会議（国幹会議）は、9342kmのうち、未整備だった1276kmの計画を決定したのである。小泉改革とはいかに欺瞞《ぎまん》に満ちたものか、もはや明らかだろう。

しかし、私には驚きはなかった。高速道路改革の形骸化など、いまに始まったことではないからだ。

島根県に「青木トンネル」とささやかれるトンネルがある。島根県斐川町で建設が進む山陰自動車道・仏経山《ぶっきょうざん》トンネルが、それだ。２００１年11月、小泉内閣は旧日本道路公団の民営化問題に関連し、次年度以降、国費３０００億円を公団に投入しない、建設路線を見直すといった方針を打ち出す。これを受けて、公団は２００２年度の建設工事の見直しを敢行。12月13日までに13件の工事発注見直しが決まった。そのひとつが、この仏経山トンネルだった。しかし、わずか２ヵ月後の２月には、なぜか唐突に発注延期が撤回される。

この陰には「道路のドン」というべき存在の青木幹雄の怖るべき政治的な圧力があったのではないか――。当時、道路公団総裁だった藤井治芳《はるほ》が書いたといわれる「藤井メモ」が、メディアや国会で取り上げられた。このメモには青木が、この発注延期について総裁に直接電話し、総裁を叱りとばしたり、公団に対し「俺が倒れるか、おまえらが倒れるかだ」と凄んだことなどが記されていた。

「藤井メモ」は生々しいものだった。藤井は、青木からの電話に瞬間的にメモをつくっておかなければと思ったらしく、「青木幹雄事務所で仏経山（トンネル）の件で怒られる」との書き出しからして、リアリティがあった。メモの抜粋はこうだ。

〈01年12月19日〉

午前（国交省）谷口企画課長　青木幹雄事務所にて仏経山（トンネル）の件で怒られる。
午後（国交省）大石道路局長が「（公団）総裁と一緒に説明に行きたい」と申し入れると、返事なし。「20日に返事する」とのこと。
〈12月20日〉
午前9・15　青木事務所から電話。秘書と称するが、青木（幹雄）本人の声。総裁に対し、「公団と会う気はない。文書で（仏経山トンネルを含む工事）13件を外した理由と発注したものの理由を届けろ。遅れるようなら議員調査権で調べる。この件では公団と闘う」
同9・25　大石（道路局長）に電話。「なぜ、俺のところなのか（中国地方で選んだのか）。文書にして届けろ。このことは総裁にも伝えてある」
同11・30　菅原・島根県土木部長が来訪。青木が「今後、公団、道路局、国交省には一切頼まないから覚悟しておけ。俺が倒れるか、おまえらが倒れるかだ」と言っていた、との伝言。本日朝の、出雲市長らとの朝食会で、（青木から）「今後、道路局にはやらせない。許さない」旨の挨拶があったという。
午後16・40　古賀誠（自民党元幹事長）から（公団）小笠原理事に電話。電話の向こうでは大石（道路局長）も傍に同席していた。
古賀「13本の工事を凍結するとはけしからん。俺は聞いていない。もし聞いていれば絶対やめさせていた。俺は凍結はさせないと今まで言い続けてきた。公団は俺の顔を完全につぶしたことになる。資料を持って説明にこい」と言ってガチャンと切る。青木から話を聞いて怒り出した様子。

〈12月21日〉

朝　島根県知事が国会議員への予算説明会。知事が高速道路のことを説明しようとしたら、青木「する必要ない。青木に全部まかせてくれ」

〈12月25日〉

青木から道路局長→高速道路課長に「発注を先送りした工事に関わる経緯を詳しく書いた文書を出せ」と指示。その際、個人名を全部書けとの指示。

道路の利権に執着

青木の激怒した圧力の結果が、仏経山トンネル工事の発注再開につながった。そう考えるのは当然だろう。青木の力がいかに大きいかがわかる。青木には「顔」がないように見えなくもない。メディアへの露出度が低いことから、表面的な主役ではなく、脇役として「マァ、マァ」とその場を収めてしまう地味な存在という印象すらある。

しかし、その姿はまったくの虚構だ。世間の目を欺く仮の姿だ。衣を取った青木の本当の姿は、欲望をむき出しにした老獪《ろうかい》きわまりない政治家だ。

「参議院のドン」青木の頭にあるのは参議院ではない。青木は、国家より、参議院より、派閥(平成研)より、自身のことが第一だ。

「道路のドン」青木がその権力の象徴である道路の権益を踏みにじられることは、自身の存在を否定されたことでもある。だから、「俺が倒れるか、おまえらが倒れるかだ」と凄んだのである。こう暴力的な言葉を吐ける政治家は青木をおいていない。

情報公開請求の手続きで入手した2003年12月2日付の道路公団の文書、「平成13年12月時に工事発注手続きを一時停止した工事に関わる経緯」と題された、道路公団の内部資料には、こういう記述がある。

12月12日　仏経山トンネル西工事入札取り消しについて

竹下・青木事務所の青木文雄氏(元青木議員秘書)に電話連絡(中国支社長)

ここに出てくる青木文雄とは、青木幹雄の元秘書であり、実弟だ。幹雄は三男二女の長男で、文雄はその末弟にあたる。文雄も兄・幹雄と同じく、元首相・竹下登の秘書だった。

幹雄が秘書から県議、参議院議員と陽の当たる表街道を歩んだのと対照的に、文雄は30年にわたって竹下事務所で裏方に徹した。１９８９年4月、青木伊平が自ら命を絶ってからは事実上、古参の文雄が、事務所にひきもきらずに訪れる官僚や業者らとの接渉を仕切るようになったという。

参議院自民党幹事長という権力の中枢に座っていながらにして、「俺が倒れるか、おまえらが倒れるかだ」と威嚇したという青木幹雄。道路の利権にいかに執着しているかの片鱗をうかがわせる言葉だ。

そして見逃せないのは、道路公団が工事延期の連絡を、誰よりも先に青木の実弟・文雄に入れていることだ。なぜ、それほどまでに文雄に気を遣ったのか。いったい、青木兄弟は何をやっているのか。

ナゾのファミリー企業

東京・永田町から車で5分とかからない所に青木の入居する参議院麴町宿舎がある。宿舎のほぼ隣に位置するビルの３階の一室。郵便受けには小さなプレートがついていて、そこには「ウィルコンサルティング（株）」と表示されていた。

ウィルコンサルティング――。これが、青木のファミリー企業だった。青木は早稲田大学在学中に夫人・禮子と学生結婚し、二男一女をもうけている。登記簿によると、ウィルコンサルティングの設立は1994年4月で、資本金は1200万円。

役員欄を見ると、代表取締役は青木の娘婿の細木正彦、取締役には青木の実弟・文雄、青木夫人・禮子、長男・一彦と、青木ファミリーがのきなみ顔を揃えていた。政治家のファミリー企業でこれだけ露骨な顔ぶれもめずらしい。青木本人の了解があって設立されただろうことは、一目瞭然だ。

登記簿に記された事業内容は、経営コンサルタント業、損害保険代理店業、広告代理店業、情報処理ソフトウェアの開発、設計及び販売などを掲げている。官房長官を経て参議院自民党幹事長から会長という政権の実力者にまでのし上がった青木のファミリーとなれば、相手にいいようのない無言の圧力を与えることは言うまでもない。

ウィルコンサルティングはいったい何をするための青木ファミリー企業なのか。私は再三、同社に出向いて、長い秘書キャリアを持つ文雄に取材を申し入れた。しかし、文雄は事務所を通じて「会う気もないし、話をすることもない」と回答。頑なまでに取材を拒むのだった。

私は地元・島根に飛んだ。土木建設関係の事業を手びろくやっているある社長は、「よく青木系のド真ん中に入ってきたな」と言いながら重い口を開いた。

「ウィルコンサルティングは青木のファミリー企業だが、実態は文雄が中心になって運営されているようなものだ。文雄は事務所にいることが少なく、いても書類の山に囲まれて、ひっきりなしにかかってくる電話を取っていた。とにかく文雄は情報の中枢にいて、情報を握っている。高速道路の山陰自動車道、中国横断自動車道尾道松江線など、すべてに関わっている。文雄は竹下人脈を使って官僚とパイプを築いたから情報が上がってくるんだ。兄の幹雄は島根県のオール土建を握っている。どちらも竹下の遺産だな」

着目すべきはウィルコンサルティングが設立された1994年。もちろん、文雄が秘書として仕えていた竹下は健在で、青木幹雄は自民党島根県連会長に就いた時期だった。翌1995年に幹雄は村山富市内閣で大蔵政務次官に就く。出世の階段に足をかけた時と符合していた。

じつはウィルコンサルティング内には2005年末頃まで、もうひとつの企業が同居していた。

「(株)グローウイン」(資本金・1000万円、小柳宗堯《むねたか》社長)で、設立は1999年4月。登記簿によると事業内容は経営コンサルタント業務、各種情報知識の収集・処理および提供に関する業務、新製品開発・企画・立案並びに販売・調査の委託事業だった。取締役にはウィルコンサルティング代表取締役で青木の娘婿・細木正彦が入っていた。同社は今年に入り東京・新宿区内に事務所を移転していた。ウィルコンサルティングの関連会社とみられる同社の実際の業務は何なのか、ナゾだ——。

道路族のドン

青木兄弟の周辺を調べると、道路関係の企業が次々に浮上してくる。

文雄の夫人は、実家の塗装会社・山田塗装（本社・山形県酒田市）の社長でもある。同社は主に公団や国土交通省から道路や橋梁の塗装工事を請け負い、塗装業界では全国でもトップクラスの優良企業でもある。

２００6年2月上旬、私は私鉄・東急東横線の都立大学駅で下車した。東京都目黒区の一等地、柿の木坂の中腹に、目指す2階建ての豪邸があった。薄いクリーム色の外壁で覆われた邸宅は所々に小さな花壇が飾られ、駐車場を兼ねた1階の壁には石材があしらわれていた。豪邸というにふさわしい建物だった。眼下はひっきりなしに東横線の電車が走っていた。

登記簿によると、建物（地上2階・地下1階）の所有者は青木文雄だ。

文雄の豪邸が建てられたのは２００1年6月だった。長年仕えていた竹下が死去した直後のことだ。問題はその翌7月。島根県でも「三本の指」に入る大手土木建設会社、中筋組《なかすじぐみ》（本社・島根県出雲市、中筋豊通社長、資本金８０００万円）から自宅購入資金の一部として、自宅の土地・建物を担保に３０００万円を借り受けていたのだった。

２００1年7月は参議院選挙があった。幹雄は当時、参議院自民党幹事長だった。この３００

0万円は選挙資金提供の疑いを持たれても仕方がないではないか。先述したように日歯連が1億円の資金提供をしたのもこの時だった。

中筋組と青木の関係は深い。土木建設、舗装工事、石油・生コン販売などを事業にした中筋組グループ中核企業4社の年商は2003年で計134億円。

このグループ4社の献金額は2002年から2004年の3年間で、青木幹雄が代表の島根県自民党参議院第1支部に600万円、自民党の政治資金団体・国民政治協会に計2701万円。また、青木の政治資金団体・青木幹雄後援会には中筋組の中筋豊通社長ら親族5人が、同じ3年間で計80万円献金していた。

3000万円を超える献金額は、地元企業の中でも群を抜いていた。

中筋組の創業者・中筋賢一は、漁師町の青木の実家のすぐそばで事業を興した。現在の社長の中筋豊通は3代目にあたる。青木の実家は網元で大社漁協の組合長だった。

地元の長老によると、漁師町とはいえ、漁の規模は小さく、貧しい家が多かった。

「男は漁に出て、女は天秤棒に魚を入れた缶を担いで行商だ。〝カンカン売り〟と言った。漁といっても、昭和30年ごろまでは一本釣りが多くて、一つの船に2〜3人乗ってな。手漕ぎの船もあった。ここは砂地だから米はとれにくい。海がしけて漁のない冬場は収入も食いものもなく、ブリの臓腑を塩づけにしたものを農家に持っていって、米と換えてもらうこともあった。漁師町といっても、6畳2間ぐらいの家の中は土間でな。あちこちにムシロやゴザを敷いて、おり重なるように生活していたものだ」

中筋家は家族が多く、賢一は採石や港湾の埋め立て事業をやっていたが、生活は貧窮していた。その時、正月のモチ代を出していたのが青木の実家だった。

事業が軌道に乗るようになったのは1960年代に入ってからだった。竹下登である。竹下が出世の階段をのぼるのと軌を一にするようにして、中筋組は島根―鳥取間のアスファルト工事など道路舗装事業に本格的に参入、道路で伸びたのだった。

竹下の秘書・青木伊平は、かつて同級生に「中筋幸男（2代目社長）が竹下の所に来て、『仕事をくれないか』と言って土下座するんだ」と語っていたという。

20年も前になる。中筋組の親族が地元ホテルで結婚式をあげた。青木幹雄は祝辞でこう言い放ったという。「こんなところで式をやるのではなく、テントでも張ってやるべきじゃないのか」

生活にすら困窮していた中筋家をここまで大きくしたのは、代々網元をしていた青木家だということを忘れては困る。青木はそう言わんとしているように聞こえたという。

青木が県議、参議院議員からいまのような権力の座にのぼりつめた陰には、中筋組という後ろ楯があった。

青木幹雄の地元出雲市大社町の出雲大社にほど近い旧門前町の三叉路に、グレーの外壁で覆われた鉄骨2階建てのビルが建つ。「自民党大社支部　青木幹雄連絡所」の看板が掲げられたこの建物の所有者は中筋組、土地所有者は青木幹雄である。青木の実家から5分とかからない。

それだけではない。毎日新聞（04年2月22日付）によると、中筋組は青木幹雄本人に、島根県内を移動する際に同社社員が運転する高級車を無償で貸与していた。車の提供が始まったのは青木が参院選に初当選した１９８６年ごろで、青木の長男で公設秘書の一彦（当時42歳）もこの車を使っていた。

道路舗装ではいまや島根のみならず、全国でも指折りの業者になった中筋組。主に道路公団や国土交通省発注の工事を請け負ってきた。２００３年12月には山陰自動車道の宍道—出雲間の三絡トンネルの工事を、別のゼネコンとのＪＶで落札している。落札率は98・４％だった。さきの仏経山トンネルは、同じ山陰自動車道のすぐ近くである。青木が道路公団に激怒した理由がわかろうというものだ。

「道路族のドン」青木の力が陰に陽にはたらいたこうした無駄な高速道路が、結局は全国で建設されるのである。

過疎地郵便局の切り捨て

欺瞞だらけなのは、道路改革だけではない。小泉内閣の最大の目玉だった郵政民営化でも、国民への裏切りが露呈し始めている。

２００６年2月19日の朝日新聞朝刊は「郵便集配１０００局で廃止」という記事を報じている。日本郵政公社は２００７年の郵政民営化のスタートまでに、全国に４７００ある集配郵便局のうち、おもに過疎地や郡部にある約１０００局の集荷・配達業務をやめるというのだ。当時の担当大臣・竹中平蔵は選挙前に、「過疎地の郵便局は維持される」と明言していた。そんな約束など、簡単に反古《ほご》にしてしまうのである。

そもそも郵政民営化は、参議院でいったんは否決された。しかし、小泉首相は衆議院解散という暴挙に出て、本来、政治生命を投げ打ち、身を挺してでもその暴挙を阻止するはずの参議院自民党議員会長・青木幹雄はそれを容認した。その結果、我々国民に何がもたらされたのか。デタラメの郵政民営化、そして参議院の無力化である。

良識の府といわれた参議院が衆議院のチェック機能を失い、このまま形骸化してしまえば、この国の民主主義にとっては、とてつもない痛手である。国民にとってはおおいなる悲劇だ。

そんな思いに駆られた私は、青木が最もおそれる男、青木を最も知る男に会いたいと切実に願った。そして、意外にもそれがかなったのである。

青木を官房長官にした男

その男の眼光は73歳にもかかわらず、人を射抜くようなところがあった。真っすぐにこちらを見つめ、いささかも目線をはずそうとしなかった。糸を張りつめたような緊張感、男は一瞬、目をつむったかと思うと、意を決したのか、咽から絞り出すような声で語り出した。

「逮捕されてから5年、いかなるインタビューも断ってきた。あなたが初めてだ。日本の議会制民主主義が、かつて経験したことがなかった危機に立たされている。そのことを私は遺言のつもりで言いたいのです。私に残された時間は少ないのだから……」

「さきの通常国会での解散で、参議院は死んだといっていい。すべての責任は青木幹雄さんにある。青木さんは、身体を張ってでも守るべき参議院の自立性を放棄した。潔く参議院自民党議員会長を辞任すべきだ。それが政治家としての責任のとりかたです」

05年8月、郵政民営化法案否決後、参議院本会議場を後にする自民党の青木幹雄参議院議員会長（左）と片山虎之助参議院幹事長

青木幹雄に参議院自民党議員会長の座から降りる

ことを直言してやまないこの男は、かつて「参議院の天皇」、あるいは「法皇」と呼ばれるほどの実力者だった、元参議院自民党議員会長・村上正邦である。

村上は2001年3月、KSD事件で東京地検特捜部に逮捕された。その直前、世間の混乱を招いた責任をとって議員辞職。事件の公判で村上は「無実」を主張し、2005年12月、二審で有罪判決を受けたが、私の取材時には上告中だった。

参議院にあって、青木という政治家を最も知りうる男は、村上をおいて他にいない。

青木は1996年11月、参議院自民党副幹事長に就いたのを機に、同幹事長（98年）、小渕恵三政権の内閣官房長官（99年）、そして二度目の参議院自民党幹事長（00年）と、一気に権力の階段をのぼってきた。その陰にはいつも、青木を引きたててきた村上の存在がある。

なかでも、青木が参議院議員としては異例の官房長官に就くにあたっては、いまでは青木と袂《たもと》を分かち、政界を引退した野中広務と、もう一人、村上の推挙があった。参議院元幹部は述懐する。

「村上は小渕に『参議院の独自性に力を持たせるためにも、青木さんを官房長官に入れてくれないか』とかけ合った。小渕はとまどい、『オレは青ちゃんを（官房長官にとは）考えたこともなかった。青ちゃんが引き受けてくれるかなあ。青ちゃんが断ったら二度と頼めないからなあ』と渋った。青木は最初こそ、『いや、いや、恵ちゃんがそういっても』と口にしたものの結局、（官房長官就任を）受けたんです」

知られざる総裁選の真相

村上と青木。二人は盟友として参議院の屋台骨を支えた。しかし青木は、二度目の参議院自民党幹事長に就いたころから、村上を煙たく、うとましい存在と見るようになる。青木は陰で村上を罵《ののし》るように、こう口走っていた。

「『数は力』なんだよ。村上（参議院自民党議員）会長はその上に乗っかっているだけじゃないか。村上会長があんなに偉そうにしていられるのも、参議院橋本派の数があるからだろ」

青木は村上が自身より上にいては、参議院の実権を握れないという権力欲を隠し持っていたのである。自身の権力の座のため、人は使うだけ使い、相手が誰であろうと、じゃまになったら容赦なく切り捨てていく。まさに「逆臣」だ。

青木がその本性を剥き出しにしたのは、小泉

08年３月、ＫＳＤ事件で上告棄却を受け、記者会見する元労相の村上正邦

純一郎が再選された2003年の自民党総裁選の時だった。野中広務は青木への不信感をあらわにし、私にこうまくしたてた。

「平成研としては藤井孝男君（元運輸相）に候補者を一本化し、気持ちよく送り出そうとなっていったが、青木だけは藤井一本をいやがった。藤井君が村上正邦の子分だと思っていたからだ。青木は、村上の息のかかった人間が嫌いだった。青木はいつも、『村上がかわいがっているのは、藤井と上杉（光弘）の二人だからな』と言っとった」

——青木はそれほどまで村上が気に入らなかったのか。

「そりゃあ、そうさ」

——結局、青木は小泉に走っていく。

「村上という目の上のタンコブがいなくなっていたからだろう。オレはかつて村上に、政治的な場面でいろいろ文句を言った。誰も言う奴がいなくて、オレが言うしかなかったからだ。ただ、人間・村上正邦には、なにも特別な感情を持っていない。結局、オレと村上は、青木に潰されたようなもんだな」

野中は、もし村上が現役ならば、青木がいまのようにわがもの顔で振る舞い、露骨に小泉と手を組むようなことができたのかは、甚だ疑問だという。

事実、青木は、村上の影にいまも脅えている。ある参議院元幹部によると、青木は郵政民営化に造反した参議院議員の背後に、司令塔としての村上の影があると睨み、こう激怒したという。

「村上がいちばん悪い。村上のやっていることは倒閣だ！」

私が村上に腰を据えて会えるようになったのは、2006年2月も半ばを過ぎてからのことだった。JR市ヶ谷駅から5分とかからない一角に、村上の事務所の入ったマンションはある。現れた村上の顔は、現役のころより幾分痩せ、小柄になったように見えた。

99年7月、自民党の参院議員会長に就任し抱負を述べる村上正邦氏（左）と留任した青木幹雄参議院幹事長

参院選前の約束

「参議院で郵政法案が否決されたにもかかわらず、衆議院の解散となった瞬間に、二院制としての参議院は死んでしまった。その責任者である青木さんに、見識はあるんでしょうか。本来、郵政法案は参議院で否決されたのだから、国会法に基づき、両院協議会に議決を求めるべきです。ところが国会法は無視されてしまった。

すべては、参議院議員会長の青木さんがその責任を放棄し、小泉さんと解散に突っ走っていったからです。これは参議院の自滅、いや、自壊行為であり自殺行為だ。二院制の否定につながる行為を阻止しなかった青木さんの罪は、あまりに重い」

村上はいままで胸のなかにたまっていた澱《おり》を吐き出すように、一気に語り始めた。しかし激することなく言葉を選び、かつての盟友・青木の無謀に憤りながらも、どこか諫《いさ》めるかのような口調だった。それは村上より2歳下であるにもかかわらず、「青木さん」と呼ぶ言葉からもうかがえた。私は聞いた。

――青木は憲法違反に等しい行為をやったとしか、私には思えないが。

「衆議院と違って、『数は力』という強引なやり方を排し、『良識の府』として法案の修正や継続審議を求める独自性が、参議院の存在意義です。衆議院や政府が暴走しないようにチェックすることが本分なんです。ところが、青木さんは郵政法案が衆議院から参議院に送られてきた時、『法案の修正も継続審議もできない』と明言した。参議院の審議権を放棄してしまったのです。遡《さかのぼ》るに、03年9月の総裁選で青木さん（当時、参議院自民党幹事長）は『小泉さんに郵政法案はやらせない。手をつけないようにさせるから』と明言して、参院での小泉の支持をまとめていった。青木さんは、『小泉さんじゃなきゃ（04年7月の）参議院選挙は戦えない。わかってほしい』との理由で、『郵政法案を強引にやろうとする小泉さんとは一緒にやっていけない』と抵抗感を示していた参議院を、説得して回ったと聞いている」

村上はこのころから、最初とは打って変わって、眉間にシワを寄せるようになり、感情の昂《たかぶ》りを示しはじめた。

「ところが、実際はどうだったか。04年7月の参議院選挙の直前、青木さんは『51議席に届かなかったら、責任をとって（参議院自民党）幹事長を辞任する』と出処進退を明言していた。結果は49議席だった。たとえ1議席でも負けは負けで、厳粛に受け止めなくてはならない。

ところが青木さんは、辞任するどころか、参議院役員任期にともなう会長選挙で、幹事長から会長に昇格したのです。政治家の出処進退とは、おおよそかけ離れたことだ。青木さんは言葉に責任を持たなかったのです」

——結局、青木は郵政法案で小泉首相と組みました。

「参院選後も、青木さんは郵政法案について、『参議院は首相の思いどおりにさせないから』と約束していた。ところが、実際は言葉と裏腹だった。青木さんは今度は、『郵政法案を通さなければ政変になる。政変にしていいのか』と問題をスリ替え、法案を可決すべく、説得に全力をあげていった。最初の約束はどうなったのか。

初めに言葉ありき、なんです。言葉と成りて万物成る。言葉がすべてだ。政治家であれば、なおさら言葉に責任を持たなくてはならない。にもかかわらず青木さんは、言葉への責任をなしくずしにしていった。郵政法案が衆議院から参議院に回って来た時も、青木さんは『参議院は（郵政法案で）小泉さんに一指も触れさせないからと言って、小泉支持を打ち出していったのではなかったか。

ところが、ここでも責任を放棄した。青木さんら執行部は『（衆議院の）解散は間違っている』と言って踏んばらなくてはならない、身体を張って阻止しなくてはならない立場だった。が、実際は、一指も触れさせないからと参議院を縛っておく一方で、小泉さんの足となって『解散』を言い続けてきた小泉さんに力を与えたんです。小泉さんの解散の理屈を加速させ、強権に力をかしたといってもいいようなことをやってのけたんです」

「アメとムチ」

青木ら民営化推進派の説得工作はすさまじく、ポストや選挙での公認の有無を使い分けた、「アメとムチ」の切り崩しもあったらしい。

――結局は、小泉・青木によって解散は強行された。

「解散後、衆議院は3分の2の勢力を獲得しました。勝った、勝ったと自画自賛し、郵政法案は衆議院を通過し、参議院で否決しても衆議院に差し戻され、3分の2の勢力で可決される。いくら法案を否決しても無駄なことだと、参議院に無力感が深まったのが現状ではないか」

村上はこの間、手元のお茶に一度として手をつけなかった。事務所の応接間は小さなテーブルを囲んで椅子が五つほど並べられ、壁には絵が飾ってある簡素なところだった。インタビューの間、何度か村上の携帯に電話が入ってくる。途中、客も多く、村上が活発に活動をしていることが窺《うかが》い知れた。

――青木は、郵政反対派の陰に村上さんがいると睨んでいた。「村上のやっていることは倒閣だ」と激怒していたといいます。

「そうですか。あるメディアは、『村上の亡霊が青木を悩ましている』と書いてもいる。私は倒閣運動をやった覚えはない。議会制民主主義のありように照らして、間違ったことをしていると主張しているのであって、いまの無冠の立場で、それ以上の思い上がりはありません。市ヶ谷の静かな侘しい事務所で、（ＫＳＤ事件の）裁判で、無実を立証し闘っていくのに精一杯です。むしろ、青木さんこそ反省すべきでしょう。参議院の自立性を放棄したことによって、日本の議会制民主主義が危機に直面していることを、もっと自覚すべきではないか。

青木さんがやったことは、参議院の独自性、自立制の否定です。こんなことが許されるのなら、一院制でいいということになる。二院制で成り立ってきた議会政治が、立ちゆかなくなる危機を迎えているのです。その意味が青木さんにわかっているのか。

私は遺書を残すつもりであなたのインタビューを受けた。私の一言一言は遺言ととってもらっていい。私には残された時間が少ない。私はあえて国会内に敵をつくりながらも、参議院を守ろうとしてきた。その参議院の独自性が損なわれたいま、言うべきことは言わなくてはならないと決めて、あなたに会うことにしたんです」

村上は唐突にも「遺書」という言葉を持ち出した。

彼の目は険しかった。一瞬、時計の針が止まったような気がした。青木は村上に「遺書」と言わしめるほどの大罪を犯したのだ――。私にはそう思えてならなかった。

「青木は信用できない」

村上と青木の二人は、どういう関係だったのか。私は話の繋ぎ目を変えてみようと思った。

――村上さんは青木とどのようにして出会ったのか。

「上杉光弘さんが自治大臣に就任すると、私に『村上（参議院自民党）幹事長、これからは青木さんを起用してください』と言ってきた。上杉さんの推薦もあり、青木さんは参議院自民党の筆頭副幹事長に就いた。その時青木さんは私に、『私はイエスマンではありません。言うべきことは言います。ブレーキをかける時はかけますよ』と言ったんです。私はその青木さんの言葉を、あまり敵をつくらずに円満にやっていきましょうという意味にとっていた。青木さんはさすがに長年、竹下（登・元首相）さんの下で雑巾掛けをしてきた人だと思ったりもした」

「私が（参議院自民党議員）会長の時は、青木さんに幹事長をお願いした。私が衆議院の連中と衝突した時、青木さんは陰でまとめ役をやってくれたりもした。青木さんには苦労をかけたなという思いがあった……」

村上は過去を懐かしんでいるのか、窓の外へ目線を移したりした。が、それもつかの間だった。再び口を開いた時は、厳しい口調に変わっていた。

「その反面で、同僚議員らから『青木は村上さんの存在が煙たく、潰そうとしているんですよ。青木は裏切る。青木は信用できない』という忠告を耳にしていた。が、それでも私は、青木さんはそんな男ではないと思っていた。青木さんは、竹下さんや小渕さんに忠誠をつくす政治家と思っていた。いまは違う。彼の政治手法を見て、つくづく裏切られた思いです。

青木さんは郵政反対派への処罰を、相当厳しくやっているようだが、彼らの責任を問う前に、青木さん自身の責任をはっきりさせるべきじゃないか。私は青木さんに憤りを覚えてならない。青木さんは参議院自民党の会長の座に就いているべきではない。潔く会長を辞任すべきだ」

村上は「青木の辞任」を口にした瞬間から、青木への感情をあらわにするようになった。私は聞いた。

――小泉・青木は、総選挙で郵政反対派に「刺客」を差し向け、息の根を止めようと処分を下した。暗黒政治ではないか。

「衆議院の解散の日、青木さんの顔に野心を見た気がした。青木さんの表情には、参議院だけでなく、自民党を牛耳るキングメーカーたらんとする野心が透けて見えた。私は、かつての同僚らが『刺客』なるものを送り込まれたりして血を流したことを思うと慙愧《ざんき》に堪えない……」

村上は目にうっすらと涙を浮かべて、悔しさに堪えかねているようだった。

「青木さんはいま、『(衆議院を)解散したのは、郵政法案に反対した連中がいたからだ。責任は反対派にある』と、責任の所在をスリ替えようとしている。反対派に『A級戦犯』という烙印を押し、党議違反だ、懲罰だと、責任を彼らに押しつけようというのだ。郵政法案に反対した人々は、反党分子でもなければ造反分子でもない。参議院の良識、見識を守るために反対したのであって、むしろ勇気ある行動と賞賛すべきです」

――青木は来年(2007年)夏の参議院選挙に向け、郵政法案の反対派や地方議員らとの「融和路線」を掲げようとしているとの報道もあるが。

「いや、口では『融和』と言いながら、反対派への怨念を持ち続けているのが、青木さんの本当の姿でしょう」

無節操と非情

――実は取材のなかで、参議院の内部から、青木への怨嗟《えんさ》の声をたくさん聞いた。「反青木」の反乱が起きそうな気配も感じる。

「当然、底流にはあるべきでしょう。青木さんたち執行部が、いまのような無責任な参議院の運営を続けるなら、やがて（反青木の）火種となって燃えることになるのではないか。遺恨はあってはならないが、青木さんがやったことは憲政史上稀にみる行為で、参議院の良識の芽を潰したんです。青木さんの政治家としての言動は、徹底的に検証されなければならない。並大抵なことではないが、力を合わせて、失われた参議院の独自性を回復してもらいたい。そして新しい、本当の意味で自由に物が言える、議論のできる参議院に脱却してほしい。そのためなら、私ももう一度、残り少ない時間を燃焼しつくしたい。これが私の遺言なんです」

彼の言葉には、覚悟を決めた人間ならではの迫力があった。

青木は自らの権力欲のために、参議院の自主性、独立性をあっさりと踏みにじった。それを躊《ちゅう》躇《ちょ》した気配はまったくない。その無節操さ、そして竹下に始まり、小渕、野中、村上と自らの師や仲間たちを次々に切り捨てる「逆臣」の姿に、私はある意味、小泉純一郎と通じる、いや小泉とは比べられない冷酷さを感じる。

忘れられない場面があった。夜遅く、参議院議員会館の一室で、自民党の長老議員と長く話しこんだ時のことだ。彼は急に黙り込んで、天井に目を向けた。そして独白するかのように、こう話し出した。

「最近私は、日本がなぜ取り返しのつかない、あの悲惨な戦争に突入していったのかを、よく考えるんだ。その原因は、軍部、政治家、マスコミの3つの権力が一体となり、暴走したからだ。戦後、私はその暴走を二度と起こさせないという志で、『良識の府』という伝統を持つ参議院議員になったんです」

そして、間をおくとこう繋げた。

「しかし、いまはどうだ。チェックどころじゃない。誰も、小泉も青木も止められない。いまほど政治家として無力を感じたことがない。このまま余生を送るわけにはいかない」

長老議員の目に、涙がかすかに浮かんでいた。小泉専制政治、そして恐怖支配――その底流で何かが起きようとしている胸騒ぎを覚えた。

「大連立」の芝居

「小沢一郎という奴は、思いどおりにいかないとすぐに駄々をこねる。(今回も)あいつは相変わらず駄々っ子だというしかない」

薄ら寒い晩秋の京都。2007年11月6日朝、新幹線でJR東京駅を出た私は、京都駅八条口の目の前にある野中広務の事務所で彼に会った。事務所奥の新聞や書類が所狭しと積まれたデスクのある執務室で野中は、現役の頃と変わらなくスーツ姿にキチッとネクタイを締めていた。

野中広務と小沢一郎。1992年、竹下派(経世会)の跡目争いをめぐる分裂で二人は袂を分かち、小沢一郎が自民党を飛び出してから、野中にとって小沢は不倶戴天《ふぐたいてん》の敵だった。

野中の議員宿舎は東京・高輪《たかなわ》にあった。夜も遅く、その部屋の応接間にあるソファに差し向かいになり、目を見開いた野中が小沢のことを舌鋒《ぜっぽう》鋭くこう批判するのを聞いてきた。

「小沢は虚像がそのまま大きくなって、世間を歩いている男だ。だが沈まない。カネと人事を握っているからな」

「小沢は人の前で幼児のように簡単に泣ける男だ」

「小沢は夢見る少年だよ。子どもだ」

「小沢という奴は、人を利用し、人をバックにものを言う、自分から泥をかぶろうとしないいんだ」

「小沢は野に放っておいたら危ない。なにをしでかすか、わかったものではない。あいつの牙を抜かなくてはならない」

野中は小沢を叩きに叩き、「悪魔」とまで呼んだ。いうなれば小沢の資質、手法を最も身近で知りえた男だ。

その小沢が、「政権交代」を掲げ大勝した07年7月末の参議院選挙からわずか3ヵ月後の10月30日と11月2日の二度にわたり、まるで手のひらを返すようにして、福田康夫首相と、民主党と自民党の「大連立」政権樹立の密談をしたのである。

当然のごとく民主党内部から小沢に対して、「裏切り」との非難が湧きあがった。小沢は「(執行部から)不信任を受けたと同然」と、代表の辞意を表明。それが、鳩山由紀夫幹事長らから慰留されると一転、辞意を撤回したのだった。野中が言うように「駄々っ子」そのものの小沢を彷《ほう》彿《ふつ》とさせ、その小沢に振り回された連立劇だった。

その連立劇から数日後――。今回私が野中に会ったのは、2007年7月、同じ京都の事務所で、彼が私に唐突にもボソッと口にしたひと言が脳裏にひっかかっていたからだ。それは、野中自身、〝連立劇〟を予感していたことを思い起こさせるものだった。

「小沢一郎と青木幹雄の二人は昔から仲がいい。(07年夏の)参議院選挙で自民党が(民主党に)負けて、公明党を合わせても、とても過半数に足りなくなったとき、小沢と青木がどんな芝居を打つのか。その芝居が見物だ」

小沢の大胆な〝奇策〟を、芝居という言葉になぞらえて見抜いていたかのような野中。彼はこうも語った。

「小沢の過去を見ればわかることだが、あいつは2年に一回ぐらいの割合で何か事を起こさないと気がすまない性分なんだ」

「安倍を辞任させ、小沢との連立協議に入る」

田中角栄の〝秘蔵っ子〟だった小沢が47歳にして自民党幹事長に就いたのは1989年。その後小沢は、自民党副総裁・金丸信の寵愛を一身に受けるも、竹下派の分裂で自民党を飛び出し、新生党を結党し、1993年、細川護熙《もりひろ》連立政権を樹立する。1994年に新進党を結成するものの分裂。1998年に小沢は自由党を結成し、野中が官房長官だった1999年、自民党との自自連立政権を樹立するが、2000年、当時の小渕首相に、自民党、自由党を解党し保守政党を結成することを迫り、合意できずに連立を解消した。その直後、小渕は急死。自由党の分裂を経て、2003年、民主党に合流。民主党の代表に就いた。

　離合集散を繰り返してきた小沢は、野中の目には〝また始まったか〟と映っていただろう。しかし、その小沢は今回の「大連立」に、なぜ走ったのか。野中は苛立った口調でこう語った。

「オレかて報道されている以上のことはわからん。ただ、（大連立構想の）間にナベツネ（渡邉恒雄読売新

00年1月、自自公連立政権に向けた3党首会談を前に握手する左から小沢一郎自由党党首、小渕恵三首相、神崎武法公明党代表

聞グループ本社会長）がいる以上、福田さんも小沢も、どちらから（連立を）持ちかけたのか、本当のことは言えないさ」

参院選（07年7月末）で敗北し、過半数に足りなくなったら、青木と小沢は芝居を打つ——。野中の予見は的中していたと言うべきだろう。

大連立に向けた福田と小沢の二度目の会談（07年11月2日）の夜、福田は記者団にこう明かした。

「新しい体制を作らなければいけないということは、与党が参院選に敗北した時からスタートしている」

つまり会談の2ヵ月前から大連立構想が出発していたというのだ。では、自民党の水面下の仕掛人は誰だったのか。森喜朗元首相は11月2日、埼玉県深谷《ふかや》市で講演し、自慢気に「私は（福田と小沢の）二人の会談を勧めた。うまくいくよう期待している」と披瀝《ひれき》した。が、森は仕掛人の一人で、そこには青木もいたのである。毎日新聞07年11月3日付によると、

「自民党が参院選に敗北した直後に、安倍晋三前首相の退陣を前提に福田政権を構想したのも、森、中川（秀直・元幹事長）両氏、それに青木幹雄前参院議員会長の3人だった」

青木、森、中川の3人が密談し、福田と小沢の間で蠢《うご》めいていた。しかし、私の取材では青木ら3人が蠢めき始めたのは参院選直後ではない。参院選の1ヵ月も前から大連立で密談していた

のだった。その密談の中身は――。

参院選の結果が出る1ヵ月前から、青木、森、中川の3人は自民党が敗北するということは予想しえていた。参院選の指揮官・青木は選挙前から、「参院選で自民党が負けたら、自民党は死に体になる。民主党が負けたら、民主党は崩壊寸前だ」とぶっていたが、その内実は戦々恐々とした面持《おもも》ちだった。3人は参院選敗北を前提に、このような自民党延命のシナリオを練った。

「第一に参院選直後、安倍を辞任させる。ついで福田暫定政権を発足させ、すぐに小沢一郎との大連立協議に入る」

3人の密談の中心にいたのは、言うまでもなく〝ドン〟青木である。小渕が生死の淵をさ迷っている真っただ中で、青木は国民にウソをつき情報操作する一方で、自身が首相臨時代理に就き、一気に自身の子飼いの森を首相の座に押し上げた。あのときのクーデターを彷彿とさせるようなシナリオだった。

苦労知らずのエリート集団の限界

しかし、誤算があった。地滑り的な敗北となった参院選の直後、中川が安倍に対し、「参院選敗北の責任をとって（首相を）辞任すべきだ。我々も辞める」と言った。我々というのは青木の参議院会長、中川の幹事長の職責だ。ところが、安倍は青木ら3人の意に反してこう言ったのだ。

「いかなる結果になろうとも首相を続投する」（朝日新聞07年8月2日付）

安倍がよもや首相の座にしがみつくとは、予想だにしていなかったのである。

しかし、シナリオ自体が狂うことはなかった。安倍は9月12日、辞意を表明。職場放棄とでもいう形で政権を投げ出し、9月25日に福田政権が発足。そして10月31日、大連立に向け第1回の福田と小沢の党首会談が開かれた。つまり、3人の密談によるシナリオは、安倍の続投宣言で3ヵ月ズレ込んだだけだったのである。

しかし、またも誤算にぶつかる。今度は小沢一郎の側だ。小沢は大連立に並々ならぬ決意でのぞんだ。自ら大連立に乗ったのである。しかし、小沢の誤算だったのは、民主党内部からの猛反発だった。小沢はいったんは民主党代表の座の辞意を表明するが、鳩山幹事長ら周囲の説得で辞意を撤回するという辞任劇まで見せつけられた。

小沢はその辞意会見の席上、憤った顔で民主党への不信感をあらわにした。

「民主党はいまださまざまな面で力量が不足しており、国民からも本当に政権担当能力があるのか疑われている。国民の疑念を払拭するためにも、あえて政権運営の一翼を担い、政策を実行し、実績を示すことが、民主党政権実現と定着の近道と判断した」

そしてテレビ番組ではこう語った。

「民主党は権力の側、政権の側にいたことがない。大連立は民主党にとって一石三鳥くらいの意味があった」

さらに、小沢は自ら「プッツンした」と漏らした辞意撤回の会見では、「参院選勝利の余勢で（次期衆院選も）勝てるというのは甘い」とまで言いきった。つまり、旧自民党、旧社会党の寄り合い所帯の民主党には政権担当能力も力量もない。衆院選に突入し、仮に民主党の現有議席、１１２議席が倍増しても、過半数（２４１議席）には到底およばない。政権が取れないだけではない。権力の側、政権の側に身を置いたことがないから、「政策論」を振りかざす苦労知らずのエリート集団や労組丸抱えの代表が幅をきかせているようでは、政権を取ったとしても早晩、政権は行き詰まり放り出さざるを得ない。まず自民党との大連立で権力の何たるかを知ってから、大連立を解消するなりして選挙に入ったほうがいい――。これが小沢の言わんとした大筋の「近道」ではないか。

危険な政治家・小沢を最も知る男

その小沢は大連立と決別したわけではない。小沢は辞意撤回から1週間後、朝日新聞のインタビューでこう本音を吐露した（07年11月16日付）。

「連立というのは政策と人事だ。だから、人事だって『きちんと割り振る』と（福田）首相も言った。連立だから当たり前でしょ。だけど、何よりも政策協議だと」

「我々の目玉政策も呑むかもしれない。画期的なものが民主党の主張で実現できれば、選挙に絶対有利だ。だが、みんなどうせ実現できないと思っていて、民主党議員でさえそんな気がある。それは権力を知らないからだ。僕は権力を取れば簡単にできることを知っている」

「(大連立は)選挙で勝てる最大の方策で、自分の政治判断は今でも正しいと思っている。だが、みんなが望まないのだから、捨てる以外にない」

小沢は決して大連立に乗ったことを悔いあらためているわけではない。「みんなが望まないのだから」そのときは封じたのであって、自分の政治判断は正しいとの発言からして、総選挙の結果がどうなろうと、あるいは選挙前かふたたび自民党との大連立に手を突っ込もうとしている──。その疑念はいささかも消えない。

小沢は1989年、47歳で自民党幹事長になり、「剛腕幹事長」として権勢をふるった。1994年には小沢がキングメーカーとなり、細川護熙を首相の座に据えて立ちあげた「非自民連立政権」から社会党が離脱を表明したとき、小沢は番記者にこう暴言を吐いた。

「どの女と一緒に寝ようがいいじゃないか」(朝日新聞94年4月26日付)

小沢の軌跡は、まさしく「どの女と……」との発言にも似て、連立と離脱の繰り返しだった。私には透けて見えてならない。自民党幹事長でわが意のままに振る舞っていた権力の味が、いまもって忘れられないのではないか。小沢はハナっから民主党の「政策」には関心がなく、民主党で権力は取れないと悟っているのではないか。自民党の胸に抱きつくことで、その内臓を侵食し、権力をつかもうとしているのではないか。

はじめに権力ありき――。かつて野中は、私にこう語ったことがある。

「小沢一郎に権力というオモチャを与えたら、何をしでかすかわかったものではない」

小沢は危険な政治家だ。その原点は、この言葉に収斂《しゅうれん》されるだろう。その小沢の手法を知り、手ぐすねを引いて待っているのが青木幹雄だ。そして、その青木を押し上げ、決別した男に「参議院の法皇」という異名をとり怖れられた村上正邦がいる。

終　章　怒れる「参議院の法皇」

「青木は死なない」

「2007年夏の参院選で、自民党は惨敗を喫しました。遡れば05年9月、二院制を否定し、参議院の自殺行為をしてまで衆議院の解散に走った小泉首相・青木参議院自民党議員会長（当時）の『郵政選挙』に原因があったと思います。3分の2の議席を得た連立与党は慢心し、参議院を形骸化してきた。参議院はガタガタにされ、国民は軽蔑の眼をむけた。いったい、自分らが『郵政選挙』で何をしたのかを問い直さなかった。一片の反省もない。そのツケがまわってきたのではないでしょうか」

東京・永田町の議員会館裏手に聳《そび》えるビル、「パレロワイヤル永田町」。道路を挟んだ赤坂寄りに青木が事務所を構える「秀和永田町TBRビル」がある。パレロワイヤルの一室に、小柄な身体の村上正邦はいた。近くの都立日比谷高校のグラウンドを囲むネットが窓から見える。村上は丸みをおびた6人掛のテーブルの隅で書き物をしたり、ひきもきらぬ訪問客と接していた。テーブルの上にはいつも、小さくなってもきれいに芯の削られたエンピツ数本と、使い損じたコピー用紙がヒモで留められ置かれていた。

「（KSD事件から）5年の空白を経て、遺書を残すつもりで、初めてあなたのインタビューを受けた。私の一言、一言は遺言ととっていい」

東京・市ヶ谷のマンションの一室で唐突にも憮然とした表情でそう語った村上の顔が、脳裏に焼きついている。私は『月刊現代』の校了に追われ、徹夜が続いていた。あれから3年目の冬が過ぎた――。その3年間、歯車は急な勢いで回った。小泉の後、安倍晋三が政権に就く。しかし、前回の参院選で、小沢一郎率いる民主党に敗北。安倍は政権を放り投げたのだった。その後も「清和会政権」は続き、福田康夫が登場。「衆参ねじれ」現象を打開すべく、福田は小沢との「大連立」構想に走った。が、結局、幻となった。

その陰で、老獪きわまる黒幕・青木幹雄は何をしていたのか――。私は、冷たい風が吹きやまない2008年2月末、村上と会った。

そして3月27日、最高裁第3小法廷（藤田宙靖《ときやす》裁判長）は「KSD事件」をめぐる村上の上告を棄却し、懲役2年2ヵ月の実刑が確定した。村上に残された時間は限られていた。「参議院の法皇」と呼ばれた村上が残していきたいものは何か。桜が咲き、またたく間に散り、暖かい5月の連休が過ぎた5月15日、村上が収監されるその前日まで、私は村上にインタビューをした。

「青木は死にません。依然として参議院を掌握しているからです。前回、参院選で自民党は惨敗した。青木は、自分が指揮官となった戦いに負けたのだから、いよいよ責任を取らざるを得なくなり、参議院自民党議員会長の肩書を返上した。ところが、青木の前に青木はいない、青木の後に青木はいないんです。

青木は院政支配を布《し》いている。参議院の勢力分野で、青木がオーナーのいまの平成研（津島派）は依然、多数派だ。当然、その派閥が指導力を持つということになり、『青木さんどうでしょうか』と彼の意向を承り、その指示に従って参議院は運営されている。陰然たる頭領なのです、青木の姿は」

3年前、青木幹雄を「青木さん」と呼んでいた村上は今回、「青木」と呼び捨てにするのだった。そこに青木の裏切りに対する怒りの深さがにじみ出ていた。青木は死なない。村上はそう言い切った。しぶとく衰えない青木。前回の参院選後、参議院自民党会長の椅子に元厚生大臣の尾辻秀久が座った。尾辻は青木の派閥だ。

「尾辻を会長に据えたのは青木です。本来なら、青木の年次から同期にただ一人、中曽根弘文（元文相）が残っている。でも青木は、中曽根弘文のことは頭から相手にしていません。いままでのしがらみからいって、中曽根弘文の流れは私との関係に行き着く。この流れは、青木としては絶対に許さない。青木は、私という存在が消えることを願ってやまないのではないですか」

参議院を制する者が天下を制する

村上は、青木の一挙手一投足をじっと見てきたに違いない。村上は何らためらうことなく語った。

「尾辻は、まさか自分がと思っていたでしょう。尾辻には、いまの参議院を掌握していくだけのキャリアはない。国対、議運、政審の経験がない。尾辻は青木が右向けといえば右、左向けといえば左を向いている男と参議院議員の多くが見ている。尾辻は日本遺族会の推薦を得て当選してきた政治家なのだから、靖国神社参拝の問題にしても、自分の意見を言うべきじゃないかといったが、何も口にしない。要するに、自分の主張というものを持ち合わせていない。参議院の実権を握っているのは青木です。だから、いきおい青木詣《もう》でとなる。青木は、自分の思うがままの意を受けて動く参議院を築いているんです。

参議院は一家主義ともいうべき結束意識が底流にある。衆議院とちがって、派閥の垣根が非常に低い。そのうえ、衆議院で自民党は第一党ではあっても、ずっと過半数割れだった。立場が弱い。弱いから、弱い者同士で固まりやすい。逆にその立場を利用して党内でもモノを言いやすい。だから一家の長・参議院議員会長をコントロールしてしまえば、実質的に参議院を握ったも同然なんです。言い換えれば、握りやすいともいえる。青木はその参議院を握ったことでの自身の顕示欲がきわ立っている。『郵政解散』で参議院の存在を形骸《けいがい》化しておきながら、たとえば憲法調査会が〝参議院を見直す〟という議論をしたら、ただちに（議論を）封じ込めてしまう。暗に火傷をしますよと脅す。つまり、参議院を制する者が天下を制するという状況がある」

参議院自民党前幹事長・片山虎之助も青木の配下にいた。片山は自治官僚から１９８９年、参議院議員に転身。青木と同じ平成研に属し、総務、自治相など閣僚を歴任。参議院幹事長に就いたのは2004年だった。青木に次ぐ参議院ナンバー2だったが、前回の参院選では地元・岡山県で民主党の新人候補・姫井由美子に敗れた。巷間言われる「姫の虎退治」である。

青木幹雄と森喜朗の二人が発起人になり、東京都内のホテルで落選中の片山を励ます「財界人の会」を開いたのは2008年2月28日だった。永田町では参議院から次期衆院選比例代表での出馬をにらんだデモンストレーションとみられた。

青木が支配下に置く参議院自民党内から、片山ら「参議院落選組」を次期衆院選の比例名簿上位で優遇するよう求める声が出ているからだ。会合には日本経団連会長・御手洗《みたらい》冨士夫ら財界人60人が顔を揃え、青木、森が「片山さんを応援してほしい」と要請。片山は「もう少し、お役に立ちたい」と早期復帰に意欲をみせたという。

村上は怒り心頭に発し、とたんに早口になった。

「青木と森。片山虎之助の参議院から衆議院への復権で、二人は力を合わせているんだ。片山は（励ます会で）『政治家として役に立ちたい』と口にしている。しかし、片山は前参議院選挙の自身の立場がわかっているのか。選挙で岡山は主戦場だった。片山は大将で、自分のクビが討ち取られたではないか。他に無念にも負けた人らがいる。片山は自分のことより、その人たちのことを考えてやるのが筋道だ。自分だけ復権すればいいのか。

片山は幹事長として青木の右腕だった。青木は片山を見捨てたと見られたくないのだろう。竹下が培ってきた財界との人脈を使い、〝片山を励ます財界人の会〟を開いた。参議院で経団連のトップらが顔を揃えた〝財界人の会〟というのは聞いたことがない。青木が森に声をかけたのだろう。青木と政権主流の清和会（現町村派）の最高顧問・森が手を結べば何でもできる、自分らの言うことを聞くと思っている」

ハエ取り紙に足を取られたハエ

先述したように２００７年10月30日と11月２日の２回にわたった福田首相と小沢代表による「大連立」構想の密室会談。その会談に向け、水面下で蠢《うご》めいていたのが青木、森元首相、中川秀直元幹事長だった。青木は言うまでもなく、小沢をも知る村上は、どう受けとめたのか。

「青木と小沢は、もとをただせば同じ竹下派（旧経世会）です。昔から青木は、小沢を『イッちゃん』、小沢は青木を『ミキさん』と呼び合うような仲なんです。この人間関係が怖い。二人は、いまでもいざとなれば話ができる関係です。血です。青木は、小沢と同じ血が自分に流れていると思っている」

――なぜ、小沢は「大連立」に走ったのか。

「小沢は感情の人だ。しかも、気が短い。小沢は民主党の党首として代表然としているが、民主党とは体質的に合わない。自由になりたい、早く抜け出したいという感情を埋もれさせたままだ。ちょうど、ハエ取り紙に足を取られたハエのようなもので、もがけばもがくほど足を取られる。ハエ取り紙に足を取られているのは小沢一郎だけではない。福田首相も同じで（ハエ取り紙に）足を取られている。だいたい、福田首相は正面から堂々と『小沢党首に会いたい』と行動を起こしていないじゃないか。福田首相は『（小沢から）門前払いだ』と気を落としたようなことを言っているが、門前払いされようと、何度も玄関口を開けて入っていけばいいじゃないか。

いまの状態だと身動きがとれない。何とか飛ぼうとしてブルブルとはばたいている羽までが、ハエ取り紙に吸いつかれそうだ。非常に危うい。

小沢一郎にしても、民主党のなかでの求心力は弱まっているんです。私からみたら半身不随の状態だ。福田首相にちょっと声をかければ『また、連立だ』と騒がれる。だから、いまの小沢にすれば、福田首相のやっていることを「反対だ、反対だ」と反対論で封じ込んでいくしかない。小沢がちょっとでも福田首相に二人の党首会談の誘い水をかければ、すぐに曲解されてしまう。福田首相も小沢を窮地に追い込み、小沢の自由を奪ったのだから、その責任は感じているのではないか。

いずれにしても、小沢は捨てていない。小沢の最終目標は、大連立という庇《ひさし》を借りた〝政党再編〟にある。小沢はその野望を捨てていない。だから、小沢は『大連立』構想に乗り、それで副総裁・副総理格の実権を握り、ゆくゆくは政党再編と。彼の本音の部分は『大連立』という庇を借りた、政党再編なんです。加えて、庇の中にいる公明党・創価学会を切っていく。大連立そのものに目的があったのではない」

——小沢自身、田中角栄や元自民党副総裁・金丸信の庇護のもとで、若くして自民党の大物として権勢をふるった男だ。

「自民党をもう一度、支配下に置きたがっている。衆参のねじれを武器にして、政権を取ろうと。小沢は与党の中で育った人です。『大連立』会談の当時、小沢は『(会談は)福田総理が会いたがっていた』と口にしていたが、詭弁《きべん》です。私はそこに参院選で勝ち過ぎたことへの驕りを感じた。

繰り返しになるが、小泉元首相と青木参議院会長(当時)が結託したあの『郵政解散』で参議院の独自性は失われ、その瞬間に二院制の一方の府、参議院は死んだ。参議院の自殺行為だったということがいまもって悔やまれてならない。痛恨の極みです。そして『郵政選挙』という小泉マジックに踊らされた狂気というしかない衆議院選挙で自民党、公明党の与党に3分の2の議席を与えてしまった。しかし、国民は賢明だ。前参議院選挙では、与党に与え過ぎた多数の議席、それに物をいわせた横暴な議会運営に気づいたから選挙で鉄槌《てっつい》を下したんです。結果、与党は民主党に敗北した。

だからといって、国民はいちがいに小沢を支持し、民主党を支持したわけではありません。自民党の数の力による強行採決政治にノーといったのであって、ストレートに民主党支持に回ったわけではない。二者択一を迫られての選択だった。事実、その後、福田政権の支持率が急速に下がった一方で、小沢民主党の支持率は上がっていない。そこに民意が出ているのではないか。つまり、定見のないご都合主義の政党政治に信頼を置いていないのではないか。

現状を打破するために、小沢一郎のいう政党再編は、その意味で正しいのかもしれない。しかし、もっと国民にわかりやすいプロセスで進むべきです。手練手管《てれんてくだ》では通用しない。もし政党再編が王道というなら、王道に奇策はない」

——小沢もさることながら、参議院で院政支配を敷く青木から目が離せない。

「青木は、参議院自民党はもちろん、参議院民主党とも、目に見えない深いパイプを持っている。(参議院民主党の)会長の輿石東《こしいしあずま》とは太いパイプだ。青木はよく、『大勢の参議院議員と飲む宴席は無意味だ。二、三人の少数で飲み相手の胸を開かせることだわな』と言っていた。青木はしょっちゅう飲み食いし、民主党にアメーバーのような人脈をつくった。その青木の人脈は一朝一夕にして崩れ去るものではないでしょう。表に顔を出さなくても、青木は陰のキングメーカーというべき存在なんです。小沢は表に顔を出しているから風当たりは強いが、青木は地下に潜っているぶん、何をしでかすか、不気味ですらある。党首の小沢は『大連立』から政党再編の時期を、虎視眈々《こしたんたん》とうかがっている。いま『大連立』をしたがっているのは、支持率が20％を切らんやとしている福田のほうだ。私はそもそも、相手の米びつに手を突っ込もうとする福田のやり方は姑息だと思うが、青木はちがう。姑息どころか、何だってやる。青木によって、小沢は『大連立』の道具に使われるのではないか」

――「大連立」構想の背景にはそもそも、安倍政権で参院選が敗北することを想定した、青木と森、中川の3人の「密談」があった。

「3人の頂点にいるのは青木です。森は青木の手下だし、森の手下は中川だ。青木は森のことを、『いや、いや、森はワシのいうことを何でも聞きますから』と言っていた。森をずっと見ていると、彼の演ずる役割というのはピエロの器だ。中川は、森を小さくしたピエロ役にしか映らない」

数は力

ここで私はもう一度、村上に青木と小沢の関係を聞きたくなった。青木の経歴でターニング・ポイントのひとつは、小渕政権で官房長官に就いたことだった。村上はなぜ、青木を官房長官に推挙したのか。

「当時、自自公連立政権で、その連立の炎がいつ跡絶えるかは、ひとえに小沢次第のところがあった。小沢との関係が切れた時は、自民党と、小沢率いる自由党との関係もそこで切れるから、これは繋いでおかなくてはならない。そのためには、やっぱり人間関係が大きい。青木だ。しかも竹下派（旧経世会）は参議院で数が多い。〝数は力〟で、竹下派の協力なくしては何もできなかった。四方八方から見て、青木さんがいちばん適材だと思った。青木は小沢だけでなく、公明党・創価学会とのパイプもあったから」

もう一人、青木を小渕政権の官房長官に推挙した野中広務は2008年3月、朝日新聞社発行の『野中広務　権力の興亡』（五百旗頭《いおきべ》真《まこと》・伊藤元重・薬師寺克行編）のなかでこう語っていた。

「あのとき（小渕政権）、小沢一郎さんと渡り合えるのは青木さん以外になかった。小沢さんが何かを要求するときは、必ず僕と古賀（誠）さんと亀井（静香）さんを呼んだ。そこに綿貫民輔さんと青木さんも呼ぶんです。最後は僕ら3人をほったらかして、『民さん、ワインを飲もうか』と言うて、綿貫さんと青木さんと小沢さんでワインを飲む。すると亀井さんが『勝手にしろ』と怒って帰ったことがあるんです。そんなこともあったので、僕は小沢一郎さんの次から次へと続いた要求を抑えこんで小渕政権をやっていけるのは青木さん以外にないと思った」

青木と小沢の二人は、傍からはうかがい知れない関係があったというのだ。

しかし最終的に、小渕首相が倒れる直前の、小渕・小沢党首会談で、連立は解消された。村上は述懐した。

「(00年4月1日の小渕・小沢会談）あの日の昼近く、私はホテルオークラで小沢と会ったのです。幹事長の森もいた。その場で、『小渕と一緒にやっていこう。連立を維持しよう』となった。小渕からは事前に、『よろしく頼みます』という電話が入っていました。二人を官邸に送り出す時、私は『勝海舟と西郷隆盛が一緒に行くようなものだ。どっちが勝で西郷かわからんが』と言った。ところが、官邸会談で小沢は、『公明党との連立を解消し、自民党を解党すべきだ』と小渕に迫ったという。青木に電話したら、『決裂です』と。

会談の決裂後、小沢はただ言葉少なに、『(小渕は）話にならん』と言うだけだった。公明党と手を切ることは、当時の小沢の持論で、以前から『(公明党と）しとねを共にした者でなくては、あそこ（公明党）の怖さはわからない』と口にしていた。今回の『大連立』会談で小沢は、『(福田は）話にならん』と見限っていない。自民党の中に入って（政界再編を）やっていく余地を残しているんだ」

野中によると、小沢が小渕に対し「自民党の解党」を求めたのは2000年4月1日の小渕・小沢党首会談より1ヵ月前からだった。間に入ったのは「劇団四季」の創始者、浅利慶太である。浅利は演劇人でありながら、歴代首相など政財界に知られざる人脈をもっている。

野中はその会談に至る場面を前掲の『野中広務　権力の興亡』でこう語った。

「3月初めに小沢さんは、劇団四季の浅利慶太さんと一緒に首相公邸で小渕さんと会ったんです。そのとき小沢さんは『3月いっぱいで自民党を解党してほしい。自由党も解党する。そして、一緒になって一大保守政党をつくろう。それができないのであれば、われわれは連立政権を離脱する』と言ったのです。この会談からしばらくして小渕さんが電話してきました。『イッちゃんがまた無茶を言ってきたよ。自民党と自由党を解党して、一大保守政党をつくる。それができなかったら連立政権を離脱すると、浅利さんと二人一緒にきて言うんだ』と。

僕が『へえー、そんなできもしないことを言うたんですか』と言うと、小渕さんは『昭和30年に先輩たちが自由党と民主党を合体して自由民主党をつくった。いくら政権運営が難しいからといって、そんなことはできない。そもそも公明党の数が欲しいから自由党と連立を組んだのであり、そのために野中さんにも苦労をかけたのに、自民党を解党して自由党と一緒になることはできない』と言って、とても悔やんでいましたよ」

そして小渕・小沢会談が決裂した4月1日。まず、青木官房長官が同席して小渕、小沢と公明党・神崎武法代表の3党首会談が持たれた。野中は言う。

「僕は現場におりませんでしたから、青木さんの話によると、小渕さんと小沢さんのやり合いがあまりに激しいので、青木さんが神崎さんに、『われわれは席をはずして、二人だけで話をさせましょうよ』と言って出ていった。すると、ものの20分もたたないうちに二人が出てきた。小渕さんと小沢さんがどんな話をしたのか、何があったのかは知らない。出てくると小渕さんはすぐに記者会見に臨んだ。そして『これ以上、自由党と連立を継続することは不可能になりました』という話をした。その会見は僕も見ていました。ちょっと疲れているなと思ったけれども、言葉が途切れたことに気がつかなかった。しかし、あとからよく見ると、やっぱり途切れているんですよね」

つまり、少なくとも浅利慶太を交えた3月初めの官邸での小渕・小沢会談から、小沢は自民党の解党か、連立解消かを小渕に迫っていた。しかし野中は4月1日、小渕と小沢の間で何があったのかは知らないという。

密室での空白の20分間——。不可解なのは、青木が神崎に声をかけて小渕、小沢の二人だけにしたのかだ。二人はすでに激しくやり合っていたというではないか。その中身は何か。小渕の口調に異変はなかったか。いったい、青木は何に気遣ったのか。もっと言うなら、小渕と小沢のどちらに気を遣ったのか。

その青木は、小渕の七回忌を機に配られたB４判でわずか30頁の追悼集『小渕恵三を偲ぶ』に一文を寄せ、いみじくもこう吐露していた。その一部を抜粋すると、

「小渕日記にも悲しい空白の日がありました。二〇〇〇年四月一日のページです。その日の夕刻、小渕さんと自由党の小沢一郎党首との連立政権をめぐってトップ会談が開かれました。私も公明党の神崎武法代表と同席していましたが、途中で神崎さんと一緒に席を外しました。そして

十五分か二十分経った頃でしょうか。小渕さんは『分かれることにしたよ』と結論だけを私たちに伝えました。私は直ちに当時の自民党幹事長の森喜朗さんに電話して首相官邸に来てもらいました。森さんも小渕さんとは学生時代から長い付き合いでしたが、おそらくそこで会ったのが最後であろうと思います。その夜遅く小渕さんは具合が悪くなり、救急車で病院に運ばれました。

小渕さんが亡くなった後、奥様に『四月一日の小沢さんと会った日の日記があれば、私にだけ見せて下さい』と頼んだことがあります。『さすがにその日の日記には何も書いてありませんでした』というのが奥様のご返事でした。小渕さんが亡くなり、小沢さんも口の堅い人でしたから、小渕さんと小沢さんが最終的にどういう話をして別れることになったかという真相は、おそらく永久にわからないことでしょう」

青木は神崎に声をかけて、途中から会談の席をはずした。つまり、途中までどんな会話が繰りひろげられたのかを知りうるキーマンだ。そこで、おおやけにできない応酬があったのか。だから、「私にだけ見せて欲しい」と頼み、封じようとしたのか。いずれにしても、官房長官の任にあった者が「(真相は) 永遠にわからないでしょう」と、まったく他人事のように口にするのは、国民に対しあまりに無責任ではないか。この会談は歴史の一つの結節点ではなかったか。青木は情報を一手に握ることでのし上がってきた。その片鱗がここにもあらわれている。

「あんたがサインすれば、青木はもう、おしまい」

村上はある体験をしていた——。青木が有印公文書偽造、同行使と軽犯罪法違反（官名詐称）の疑いで東京地検特捜部に告発されたのは、２０００年5月19日のことだった。

民主党の告発状によると、青木は同年4月３日、小渕首相から首相臨時代理に指名されていないのに、首相印を押した臨時代理指定発令通知書を作成し、臨時代理の官名を詐称したと指摘。民主党の菅直人政調会長（当時）はこう述べた。

「民主主義のルールを守るための告発だ。（順天堂医院）医師団の発表で、（病床の）小渕前首相が、一連の文章を伝えられないことがはっきりした」

つまり、青木が小渕首相から首相臨時代理になるように指示されたというのは、真っ赤なウソ。実態は青木、村上ら「五人組」が赤坂プリンスホテル５５０号室での「密室談合政治」により決めたものだった——。

じつは村上は２０００年3月、ＫＳＤ事件で東京地検特捜部に逮捕されたが、その取調べ中、村上の前に青木への告発が持ち出されていたのである。

「私を担当した検事は、後の東京地検特捜部長の井内顕策。井内検事の取調べで私は何度となく罵倒されてきた。井内は私に、『ハナクソガネであなたはハッタリをかまし、参議院の権力を握ってきたのではないか。簡単なことだ。小さなハナクソガネを握らせて、官僚上がりや地方議会の好々爺《こうこうや》を参議院議員にして手なづけてきたんだからな』と言ったこともある。屈辱だった。

その井内検事が取調べの中で、『青木幹雄の重大問題がある。告発状が出ているんだ』と言った。私が『何ですか』と聞き返したら、井内検事は、『五人組で青木を首相臨時代理にし、森のバカを総裁にすると言ったのはあんただろう。あんなバカを総理にして、国民に申し訳なくないか』と言うんだ。総理をバカ呼ばわりですからね。そして井内検事は、私の前に調書を出して、『あんたがサインすれば、青木はもう、おしまいだよ』と言った。でも、私は調書にサインをしなかった」

——なぜサインしなかったのか。

「参議院を仕切っていた青木がいなくなったら、目前に迫った参院選は戦えない、自民党は。それでなくとも、森で選挙はやれない。加えて、私、村上正邦は逮捕されるケースだから、国会議員を辞める。いわば負を背負って参院選を戦うわけで、戦う前から自民党は大敗するんじゃないかと言われていた。あの時、青木までが一緒に、井内検事の言うように、もうおしまいとなったら、それこそ戦えない。私は、『それ（サイン）はできない。署名はできない』、『私は知らない』と言ったんです」

その村上が青木と訣別したのは、小泉元首相と青木が手を結んだ2005年9月の「郵政選挙」だった。この衆院選で、自民党は公明党を加え衆議院の3分の2を占める巨大与党になった。もし、村上があの時サインをしていたら、青木の存在だけでなく、自民党は崩壊の危機に立たされていたのではないか。

「こんな出来事があった。私が拘置所から出てきて1年以上も青木からは電話一本、ありませんでした。ちょうど、小泉が再選された総裁選のとき、私はたまたま東京・市ヶ谷の中国飯店で青木に偶然、出会った。どうやら青木は個室で野中さんとメシを食っていたらしい。私の顔を見てびっくりした青木は、『いや、いや、会長、どうも。不自由なことがあったら、何なりと言ってください』と言ってくれた。しかし、私から連絡を取ることもないし、青木からその後連絡もありません。聞き及ぶに青木は、総裁選で平成研の候補者として藤井孝男の名前があがったとき、青木は『藤井は村上と親しいからやれない（支持できない）』と口走っていたらしい」

――村上さんはどう思ったのか。

「何と青木らしいではないか、と」

参院自民党は青木のロボット

２００７年夏の参院選後、衆参ねじれ現象が起きた。いまの国会は、数の力をぶつけ合う権力抗争の舞台と化しているように見えてならない。冬景色ではないか。「参議院の法皇」と呼ばれた村上の目にはどう映っているのか。
「二院制の議会政治で、参議院は衆議院のチェック機関だ。本来、衆参の機能が違うのだから、ねじれが出てくるのは当たり前です。参議院は衆議院の言いなりになってはならないんです。尾辻は最近の読売新聞（08年3月25日付）で、日銀総裁人事をめぐり、『衆院に首相を選ぶ優越権を認めているのだから、人事も衆院が優越していい』と発言しているが、とんでもないことです。

衆議院優越なら参議院に人事をかける必要はない。法的にも衆議院に優越権はない。これは参議院の良識、見識を放棄したというべき発言だ。衆議院で与党が多数派だろうと、参議院は別だ。参議院を特定政党の支配下に置いてはならない。再考の府として、その見識を発揮し、野党とも粘り強く協議して、与野党を超越して参議院独自の提案をしていくべきなんです。参議院を政争の主戦場にしてはならない。政局の府にしてはならないんです」

限られた時間のなかで村上が遺そうとしたのは、参議院への警鐘だった。もう、見渡しても、村上のように参議院のあるべき姿を説ける人物はいない。
「衆議院で可決された法案が参議院で否決されたことで、与党は憲法第59条の3分の2条項を使い、法案を強行に通すやり方はすべきでない。参議院の存在の否定という重大な誤りにつながるからです。参議院は内閣、衆議院の審議をチェックし補完する役割がある。参議院が与党で3分の2の議席を占める衆議院に利用されていたら、そこに参議院の良識、見識は生まれない。与野党が政争になるのは当たり前だが、参議院を『政争の具』の場にしてはならないんです」

村上は、朝日新聞（08年4月15日付）のインタビューで、ねじれ国会の参議院の現状を問われ、こう語っていた。

「与野党とも主体性を持つ気概がなく、衆院の言いなり。参院自民党はすぐに再議決を持ち出し、話し合いのプロセスまで放棄している。情けない限りだ」

「参院自民党は、青木幹雄前議員会長のロボット。（略）参院自民党が丸のみに近い案を出して参院修正案をまとめ、福田首相や小沢代表に迫ればいい。のまないなら参院で独立会派を作る。むしろ参院が主導権を握る好機なのに、みすみす放棄している」

「森でいいじゃないか」

参議院は青木のロボット――。刺激的な言葉であるが、そこに違和感はない。ロボットと化しているのは参議院だけではない。森もそうだ。青木は森のことを、こう村上に語っていたという。

「森は学生時代から親しくしている麻雀仲間だ。オレはいつでも森と話ができる」

村上は、その森を首相の座に引きあげた「生みの親」ともいうべき存在だった。「親」であるだけに、森のことに話が及ぶと、村上はいきり立つのだった。

小渕元首相が2000年4月、脳梗塞で倒れ、東京・赤坂の赤坂プリンスホテル550号室に集まった、青木幹雄、野中広務、村上正邦ら、いわゆる「五人組」で、森を小渕後継に選んだ。口火を切ったのは「森でいいじゃないか」と発言した村上だった。その森は2007年10月、朝日新聞社から出版された『森喜朗　自民党と政権交代』（五百旗頭真、伊藤元重、薬師寺克行編）のなかで、いみじくもこう語っていた。

「（『森でいいじゃないか』といったのは）村上さんが言いだしたか、野中さんが言いだしたか、あのときは私も気が動転していたから覚えていないなあ（笑い）。とにかく、えらいことになったというのが、正直な気持ちですよ。

しばらくして村上さんは、以前から長く続けていた県議出身の参院議員を集めた会合でこの五人の集まりについていろいろしゃべった。いかにして森を選んだかということについて、いろいろ話したわけですね。それが新聞に詳しく出て、青木さんたちの逆鱗《げきりん》に触れるわけです。それで村上さんは謹慎して、議院宿舎にこもったままずっと出てこなくなった。村上さんの話はいかに自分が中心になって決めたかという感じになっていて、かなり誇張や脚色がある」

森はこうも語っていた。

「あの人（村上）は、いつも率直に意見を言う人だから。それでしばしば亀井さんとケンカになったりしてね。すると青木さんが、『やめなさい』と仲裁に入る。村上さんは青木さんには絶対反発しなかった」

後継はこうして決まった

森のいう村上発言が新聞に出たというのは、00年4月6日付の朝日新聞朝刊のことだ。小渕の緊急入院から4日後のことである。朝日はその一面トップでこう見出しを掲げた。

「森政権発足
入院から24時間　後継は決まった
青木・村上・森・野中・亀井5氏で一気に
沈黙、村上氏が破る
公明、加藤派、反対せず」

記事は「自民党の森喜朗総裁を首相とする内閣が五日、発足した」という書き出しで、途中から青木幹雄、村上正邦、森喜朗、野中広務、亀井静香の自民党の中枢にいた「五人組」がどのように後継を決めていったかの場面に移る。リードはこうだ。

「小渕恵三首相が秘書のライトバンで都内の病院にひそかに運ばれたのが二日午前一時ごろだっ

た。それから三日後、後継に森喜朗氏が選出される。最高指導者の意識がよみがえらないという異常事態のなか、自民党幹部たちはどう動いたのか。その後の取材で浮かんできた事実は――」

次いで、「沈黙、村上氏が破る」の見出しの後、本文が続く。

「二日早朝、青木幹雄官房長官は、首相の主治医からの電話で起こされ、緊急入院を知った。『大変なことになった』。青木氏はすぐ、同じ議員宿舎にいる村上正邦参議院議員会長の部屋に飛び込んだ。パジャマ姿の村上氏と話し合い、幹部を招集することに決めた。

正午、東京・紀尾井町のホテル。青木、村上両氏のほか、森氏、野中広務幹事長代理、亀井政調会長の五人が顔をそろえた。だが、対応を話し合おうにも、病状がわからない。幹部たちはいったん別れた。（略）午後九時すぎ、同じ部屋に再び五人が集まった。青木氏が説明すると、空気が重くなった。午後十一時半の会見を終えると、青木氏はホテルに戻った」

そして、後継はどうなったか。

「小渕氏の意識が回復しなければ、早く後継首相を決めなければならない。有珠山噴火の対策もあった。幹部たちは腕組みし、沈黙が続いた。だが、その多くが『小渕路線を継ぐなら、総裁選で争った加藤紘一元幹事長や山崎拓元政調会長ではなく、首相を支えてきた森さんだろう』と考えていた。『森さんでいいんじゃないか』。森氏とさほど近い関係ではない村上氏がこう切り出すと、一気に決まった。（略）

森氏の後任の幹事長ポストは、総選挙対策や公明党とのパイプを考えると、野中氏の昇格に異論は出なかった。幹部たちがホテルを出たのは、日付が変わった三日午前一時半。首相が入院して二十四時間を経過していた」

村上は新聞のコピーに目を落としながら顔を赤らめた。興奮しているのだった。

「私は、森が言うように誇張や脚色をして話をしたことはない。青木に対して気持ちが引けたこともない。青木と森は互いにかばい合ってきた。

ただ、青木は私が参議院自民党幹事長のとき、副幹事長としてブレーキ役になった。青木の口癖である『マア、マア、円満に』という一言で何かと助けられたのは事実だ」

村上はこう前置きしたうえで、甲高い声で森に憤った。

「森の言っていることは事実と異なっている。第一に、『県議出身の参院議員』の会合ではない。あの日、(東京・紀尾井町の)ホテルニューオータニで開いた会合は、私を中心にして結成された超党派の参議院議員による『新世紀の会』の朝食会だ。その会合での私の発言が新聞に出て、『青木さんたちの逆鱗』に触れたというのも違う。誰がみても当時、私と野中、青木とは逆鱗という露骨な感情表現が出てくるような関係ではなかった。野中、青木は私の発言が新聞に出て、私に対しシラけた感じを持っていた。だから私は朝食会でしゃべったことで迷惑をかけたというなら済まないと思い、二人に『謹慎するよ』と言ったことはある。野中、亀井に聞けばわかることだ。

森はしょせん、村上正邦が口火を切って自分が総理になったことにしたくないのでしょう。森のことは秘書時代から私が知り過ぎているからだ」

詭弁を弄する森への怒り

村上から夜、電話があった。

「オイ、エンピツを持っているか」

村上は声高に、こうまくしたてるのだった。メモをとるように言っているのだ。

「森は私が野中、青木の『逆鱗に触れた』と言うが、『逆鱗』というのは辞書によると〝天子の怒りをかう。また、目上の人を怒らせる〟という意味なんだ。野中、青木は〝天子〟か。野中は当時(の党の要職から)でも同格で、青木に至っては決して〝目上の人〟ではない。森は日本語を知らないのではないか。だいたい、あの会合の私の発言は朝日新聞がスッパ抜いたが、私自身は、党の要職(参議院自民党会長)にある者が(赤坂プリンスホテルでの後継問題を)話してどこが非難されることかと思っていたんだ」

森が政界に足を踏み入れたのは、愛媛県出身の元総理府総務長官・今松《いままつ》治郎の秘書からだった。その今松が亡くなり、浪人になった森は、後に参議院議長まで務めた広島県出身の藤田正明が経営していた「東和不動産」の秘書室に潜り込む。そこに森の早大の同級生・安田義之が籍を置いていたのが縁だった。安田はその後、森の秘書になる。

藤田正明は、村上が秘書として仕えていた元総務庁長官で参議院の実力者・玉置《たまき》和郎《かずお》と懇意にしていた。玉置はその藤田の推薦で玉置自身の支持基盤・『生長の家』から1968年7月、参議院選挙に玉置猛夫を出すことにした。森は、その玉置猛夫の秘書兼選対の一員として送り込まれてきたのだった。森は村上に「お引き回しのほどよろしく」と挨拶に来た。村上が森と仕事を共にした最初だった。

ところが参院選公示の1ヵ月前になって森は態度を一変。村上に、「大蔵省出身の塩崎潤の北陸担当秘書を任されたので、玉置猛夫さんの秘書を辞めさせていただく」と言ってきたのである。乗り換えたのだ。結果、森のついた塩崎は次点で落選し、玉置猛夫は当選した。

その玉置猛夫のころから、村上を「兄貴、兄貴」と呼んで足を運んで来るようになったのが、秘書の安田義之だった。安田は浪人時代から国会議員になる森と一緒だった。森が閣僚を歴任していくと、安田は裏方の「金庫番」に徹していた。そして時折、安田は村上を前に、森との関係でグチをこぼすようになった。村上は言った。

「森にしてみれば、私という存在は煙たくて仕方がない。こうした理由で森はあの日、赤坂プリンスホテル550号室に集まった私や野中、青木ら5人の打合せの場で、私が口火を切って森の総理就任が決められたことを認めたくないのではないか」

秘書・安田は「金庫番」として、森の触れられたくない暗部を知る汚れ役だったことは容易に想像がつく。その安田が古くから慕っていた村上は、森にとって知り過ぎた男とでもいうべき存在ではないか。それにしても小渕が死線をさ迷っている最中《さなか》、赤坂プリンスホテルで自身がこの国の総理に選任された、身の毛もよだつような瞬間を憶えていないと詭弁を弄する森は、いったい何なのか。

「森がどのようにしてカネを集めたのかは知る由もないが、超高級マンションの『六本木ヒルズ』に居を構えて平然としていられるような神経の持ち主に政治を口にする資格はない。格差社会の貧富の差に取り組まなくてはならない政治家なのに、自分が勝ち組のように振る舞う姿は政治家として失格だ。

（小渕の緊急入院で）森を後継の総理に選んだのは、自民党幹事長や総務会長などのキャリアがあったからだ。政治家としての資質、品性は別だ。その時は考える余裕がなかった。森をバカだと嘲笑した、あの（村上の取調べ担当）井内検事の言葉を妙に実感したのは、あの『郵政解散』の直前、小泉元首相と会談した森が公邸から、ひからびたチーズとビールの缶を持って出てきて、小泉が『オレは非情だ』と言っていたと報道陣に伝えろという、小泉のピエロ役をやったときです。私は森のその姿を見て、『いったい、総理経験者のすることか』と、あまりの滑稽さに情けなく、憐れな思いがした。

森は時の政権に対して、ぬけぬけと〝御意見番〟のようなことをしゃべっているが、己を知らなさすぎる」

派閥至上主義者の真の狙い

村上が参議院自民党幹事長に就いたのは1995年だった。このころから参議院の実力者として頭角をあらわしていたが、1998年7月、橋本政権下の参院選で自民党が惨敗し、その責任を取って参議院幹事長を辞任。ちなみに橋本は首相の座を降り、村上は1年間、党の要職から無役となった。

その間、村上の属する派閥・政策科学研究所（政科研）から、山崎拓が若手議員を連れて離脱した。その影響から派閥の存立が危うくなる。村上は、派閥の残留組の伊吹文明、与謝野馨らから請われて政科研の会長に就いたという。村上は語った。

「そもそも私は、参議院の立場から派閥解消論者だった。脱派閥であり、さらに言うなら、政党間の垣根を取り払うぐらいの状況が望ましいというのが持論だった。参議院が政局に与《くみ》したら、参議院の良識、見識は吹き飛んでしまうという危機感を持っていたからです。だから派閥の会長を受けることは内心、忸怩《じくじ》たる思いだった。が、由緒のある派閥で、尊敬する総理・中曽根康弘さんの志を一時的に継承することにしたんです」

政科研はその後、亀井静香のグループと合併し「志師会」になり、村上は初代会長に就いた。その後、村上は参議院自民党会長の推薦を受け、派閥会長を退任。1999年7月、参議院自民党会長になった。参議院議員でありながら派閥領袖を経験した村上が「参議院の法皇」「参議院の尊師」「村上天皇」という数々の異名を取り、怖れられたのは、このような経過があったからだ。

村上が参議院自民党会長に就く直前のことだった。青木は村上を前にして、「(参議院の)会長をやるときは、派閥の会長は辞めたほうがいい」と口にした。もう一人、野中広務はこう言ったという。

「(参議院と派閥の)両方を握ったら、天下はあんたのものだよなあ」

天下はあんたのものだ――。野中がいみじくも口にした言葉は、村上がいかに彼らを脅かす存在だったかを物語っている。むしろ野中のこの言葉は、いまの青木に向けられて然《しか》るべきだろう。村上や野中なき後、参議院と派閥(平成研)の両方を事実上支配しているのは、青木ただ一人にほかならないからだ。

村上と共に「志師会」を立ち上げた亀井静香は、村上の上告棄却・実刑確定の知らせに、「何でや……」と電話口で泣きじゃくっていたという。

収監を控え、村上から感情の起伏が感じられた。「青木」、「森」と口にするとき、私の目をジッと見据える村上の表情から笑みは消え、苛立ちを隠さず早口になったり、赤みがかった顔で気《け》色《しき》ばんだ。私に、「何度、同じことを言わせるんだ」と声高になることもあった。

「青木は、参議院というより派閥至上主義者だった。参議院で多数派の派閥・平成研を掌握し、(秀和永田町) TBRビルの事務所で竹下登が座っていた椅子に、青木がいち早く座った。竹下の椅子に座るというのは権力の象徴を意味し、平成研、いまでいう津島派のオーナーに成り変わったということだ。

青木が官房長官を退いたときだ。青木は私に、『竹下がつくった派閥だ。オレが守っていかなくてはならない。参議院自民党の幹事長に戻してほしい』と言っていた。派閥至上主義者と感じた。が、もう一方で青木は、小泉再選の総裁選で、小泉の補完勢力、いわば運命共同体になった。さらに『郵政解散』で青木は、本来、参議院の否定はオレの否定だと小泉と対決すべき立場だったにもかかわらず、その立場を捨てた。彼の派閥至上主義はつまるところ、青木自身の地位を不動のものにするためではないか」

秀吉に酷似する青木の野心

村上は、青木の座った竹下の椅子を豊臣秀吉と三法師《さんぼうし》（織田秀信）の話になぞらえた。

安土桃山時代の天正10年（1582年）、織田信長は「本能寺の変」で家臣の明智光秀に討たれ、信長の嫡男・織田信忠も二条城で死亡した。織田家の後継者問題を争点とした「清洲《きよす》会議」が開かれる。そこで秀吉は、信長の嫡孫にあたる信忠の嫡男・三法師を擁立した。

秀吉は明智光秀を討伐した功労者でもあった。会議で秀吉は幼少ながら、正統な血統性を持つ三法師を膝の上に抱きかかえることで上座に座った。他から異を唱えようもなく、この瞬間、後継は三法師に決まり、秀吉はその後見人として織田家で最大の発言力を持った。その後、秀吉の天下取りにつながっていく。つまり、秀吉は後継に三法師を担ぎ出すことで、自身が実権を握っていった――。

青木幹雄はどうか。

青木は主・竹下登の秘書を長期間務めたことを誇示してきた。竹下が死亡すると、その葬儀を仕切ったのも青木である。そして、竹下の異母弟・亘を竹下の後継に擁立するようにして、その実、いち早く竹下の椅子に座って亘を追い出し、竹下家と派閥の実権を握っていく。青木の隠された野心は、秀吉と非常に似ているではないか。

村上はいつ会っても、青木と森の存在を批判してやまなかった。

「青木と森は一体の、切っても切れない関係だ。二人は、たとえていうならば、永田町というヘドロのような池簀《いけす》で、その沼底深く棲息し、ぬくぬくと太った雷魚のようなものだ。小泉純一郎、安倍晋三、福田康夫と、青木と森は常に裏で暗躍し、時の政権に影響力を持とうと連携を深めている。派閥の数は力なりという頑迷固陋《がんめいころう》さから一歩も脱していない。が、隠然たるキングメーカーとして院政支配を布いているんだ」

議会政治始まって以来の事件

最高裁第3小法廷（藤田宙靖裁判長）は、ケーエスデー中小企業経営者福祉事業団（KSD、現あんしん財団）をめぐる汚職事件で受託収賄罪に問われた村上正邦の上告審で、2008年3月27日、村上側の上告棄却を決定。懲役2年2ヵ月、追徴金7288万円の実刑が確定した。

2審判決によると、村上は1996年1月、KSD元理事長・古関《こせき》忠男（05年死亡）から職人大学（現ものつくり大学）の構想の後押しになる代表質問をしてくれるよう請託（依頼）を受け、その見返りに1996年10月、参議院議員会館で現金5000万円、同6月から1998年7月、事務所賃貸料として計2288万円の提供を受けたというものだった。

しかし、公判では2審の2004年8月、古関元理事長がこう証言を一変したのである。

「(村上に) 代表質問の依頼をした事実はない。早く拘置所から出たいという願望があり、事実に基づかないものを、(検事に) 言われた通り、そうですと答えた」

つまり、受託収賄罪の構成要件である請託が崩れたのだった。

さらに、特異なのは、国会議員の代表質問が請託に問われたのは議会政治始まって以来、村上の事件が初めてという点にあった。

公判で村上側（主任弁護人・弘中《ひろなか》惇一郎弁護士）は繰り返し、「(衆参) 両議院の議員は、議院で行った演説、討論または表決について、院外で責任が問われないことを保障した憲法51条（議員の発言・表決の無責任）に関する重大な問題」と指摘。このように主張した。

「憲法51条は、国会が『国権の最高機関』であり、『国の唯一の立法機関』(憲法41条) であることから、これを構成する議員に国会内での自由な発言を保障したものである。

代表質問は、国会議員の個人としての行為ではなく、むしろその所属する政党の活動であり、政党が自らの政治姿勢と政治活動に基づいて政府に対し行うものであるから、これについては最高度の自由が保障されなければならず、代表質問について収賄罪が成立するということはありえないというべきである。

院の本会議で行われる代表質問を収賄罪に問うことは、議員の政党員としての活動を規制するものであり、立法活動に対する司法府の過剰な介入である。したがって、本件被告人（＝村上正邦）の代表質問に関して受託収賄罪に問うことは、憲法51条の趣旨に反し、許されないものである」

「これまでに国会代表質問について収賄罪を認めた事例は一切存しないのであるから、当然のことながら、最高裁判所としても、この重要な問題については、憲法上の解釈を示すなどとした上で結論を下す責務が存するはずである」

しかし、最高裁第3小法廷は、憲法51条と代表質問の関係について何ら見解を示すことなく上告を棄却したきわめて不当なもの——と批判した。

花吹雪　我が一生の　試練なお

村上は淡々とした口調でこう語った。

「最高裁は憲法51条の問題について一顧《いっこ》だにせず、審議を回避した。最後の正義の砦《とりで》であったにもかかわらず、（最高裁は）死んだと言わざるを得ない。私は司法を徹底批判するが、一方で国民が司法を信頼しなくなり尊重できなくなったら、法治国家の根幹は壊れる。その狭間で内心、忸怩《じくじ》たる思いです。

7年間の裁判にのぞんで私が身をもって体得したことは、検事の取調べから裁判に至るまで事件の真相究明などはどうでもいい。まず立件ありきで最初から結論が決まっていて、真実が必ずしも無罪にならないことに大いなる疑問を持った。三権分立の立法府にいたものとして、いま私がなすべきことは、国民のほんとうに信頼できる司法をつくりあげるために、命ある限りいささかなりとも役に立っていきたい」

村上は収監を真近に控えてその胸の内を俳句に託し、一枚のペーパーを私に渡した。そのペーパーにはこう書かれていた。

最高裁から上告棄却の連絡を受けた日。

「花吹雪　我が一生の　試練なお」　3月28日

「咎《とがめ》のなき　我が背なを押し　花嵐」　3月29日

郷里・福岡県で子どものころから親しんできた英彦山神宮を参拝した折。

「いまはただ　明鏡止水　春の川」　4月8日

収監され、約二年にわたる試練を前にして。

「またまみゆる　時を冀ひて　さくらかな」　4月4日

角栄の遺産

中曽根康弘元首相が長身の身体にステッキをつきながら、村上のいる「パレロワイヤル」の事務所を訪れたのは２００８年４月初めだった。中曽根は収監を前にした村上にこう語りかけたという。

「江田島の海軍兵学校に行ったつもりで頑張ってください。自分を鍛えて出てくることを待っています」

広島県・江田島は瀬戸内海に位置し、日本海軍兵学校が置かれていた。

90歳と高齢ながら現役の中曽根は、村上にとってどのような人だったのか――。

元首相・田中角栄とならんで「ロッキード事件」で１９７６年、東京地検に逮捕された政治家に、佐藤孝行《こうこう》がいた。佐藤は１９９１年、宮沢喜一内閣で自民党3役の総務会長に就き政治的には復活するが、１９９７年、橋本龍太郎改造内閣で総務庁長官として入閣すると、野党は「疑惑の政治家」と一斉に反発し、わずか12日間で辞任した。佐藤の入閣を強く推したのは中曽根だった。村上はその中曽根にこう進言した。

「総理、佐藤を（総務庁長官に）推薦するのは思いとどまるべきです。晩節を汚すのはよくない」

しかし、中曽根は動じることはなかった。いきりたつ村上に平然と「晩節を汚してもいい」と言い放ったという。

「この時しか（佐藤が）大臣になるときはない。橋本（首相）の唱える行革（行政改革）をやるにはこれしかない。私は晩節を汚してもいい。私には赤い血が流れている。同志のための赤い血が流れているんだ」

もうひとつ忘れられない場面があった。

村上が秘書として仕えた玉置和郎は1986年、中曽根内閣（第3次）で総務庁長官に入閣するが、玉置の身体はガンに侵《おか》され末期の状態だった。玉置は村上に「私の肉体生命は私の政治生命を支えられず、燃えつきた」と伝言し、中曽根に届けるように頼んだ。村上を前に中曽根は言った。

「最後の力を大臣として行革に燃えつきてもらう。燃えつき、果てるまで、燃えつきてもらおう。それが友情じゃないか」

村上はこの時、男泣きに泣いたという。玉置は結局、総務庁長官のまま87年死去した。

「（中曽根は）侠気《きょうき》を持った人だ」

村上は中曽根康弘という男を、こう一言であらわした。その村上も「情」の政治家だった。

中曽根は2004年6月、新潮社から出版した『自省録―歴史法廷の被告として―』の中で、森と小泉、青木のことをこう書いていた。

「九〇年代のほとんどまるごと十年間は、バブルの崩壊で日本は漂流を続け、国民は不況に怒り、政治の停滞に怒っていました。首相が十年間に十人も替わるという事態が続き、終いには森喜朗内閣をつくる際に、自民党の幹部だけが密室で談合して森君を総理にしたことで、とうとう国民は怒り心頭に発したのです。そこに登場して、自民党を壊すといって総理になったのが小泉君です」

「(小泉への)失望感は、次第に国民の間にも広がっています。二〇〇一年四月の総裁選では地方の党員票三百は、すべて彼のところへ行きましたが、次の二〇〇三年はそういうわけには行かず、驚いた小泉君は、青木(幹雄)君に頭を下げ、堀内(光雄)君に頭を下げて協力を仰ぎます」

「(小泉は)総理大臣としての国政全体を俯瞰する全体的な、歴史的な発想力が欠落しています」

村上の政治家としての原点には何があったのだろうか。

村上が初めて参議院選挙に出馬したのは1974年夏だった。2年前の1972年7月、首相の座は長期政権となった佐藤栄作から『日本列島改造論』をひっさげて登場した田中角栄に代わっていた。勢いに乗った角栄は1973年4月、小選挙区制の導入を表明するも、野党の国会審議全面拒否や広範な反対デモで断念。同10月、第一次石油ショックが列島を襲った。

村上によると、参院選の中盤、角栄からこんな電話が入った。

「村上君、君の票が1万5000票足りない。東京に来い」

村上はすぐに自民党総裁室に向かった。角栄は持ち前のダミ声で早口にこうまくしたてたという。

「1万5000票足りないから、企業（の票）をひとつつけてやる」

しかし、村上は角栄の申し出を断った。村上自身、角栄の力添えがなくとも当選は可能との胸算用があったし、当選後は角栄と対立状態の福田赳夫の許で働く腹づもりをしていたからだった。感情の機微に敏感な角栄はこのとき、手で机をドンドン叩きながらこう語った。

「村上君、何を言ってるんだ。オレは田中派だとか福田派だとかで、君にこんなことを言ってるんじゃない。オレは日本のために（当選して）出てきてほしいから言ってるんだ」

しかし、村上は首をタテに振らなかった。角栄はこう励ましたという。

「ヨシッ、わかった。若いのはいい。その若さでやってみろ」

この参院選は「保革伯仲《はくちゅう》」となった激しい選挙戦だった。結局、村上は落選した。角栄が口にしていた通り、当選まで1万5000票足りなかったのである。落選後、埼玉県志木《しき》市の自宅に戻った村上を待っていたのは、村上夫人に託した角栄のメッセージだった。角栄は夫人にこう語ったという。

「あんたのオヤジは頑固で困ったもんだ。オヤジに『オレのところに来い』と言っても来ない。これからは何かあったら、あんたがオレのところに相談に来たらいい」

村上が参議院議員に初当選するのは、それから6年後の1980年6月だった。初めての衆参ダブル選挙で、選挙の直前、大平正芳首相は入院先で死去（70歳）している。村上は角栄に思いを馳せるたびに、一つの言葉が脳裏に浮かぶと言う。それは「老婆心」だ。

「角サンには『老婆心』というものがあった。『老婆心』というのは、孫が炬燵《こたつ》でうたた寝をしていたら心配して、風邪を引かないように上っ張りをかけてやるという行為なんだ。私はあのとき（74年）落選してみて、その『老婆心』の意味がわかった。角サンの情がつくづく身に沁みたなあ……」

孫にかける上っ張り――。そう口にした村上の目には、うっすらと涙がにじんでいるような気がした。福岡県の石炭の産地だった筑豊《ちくほう》地方の田川郡添田町。

戦前から戦後、炭住で暮らし、ランニングシャツに、半ズボン、ゴムのゾウリをはき、近くの川でドジョウやエビ、カンテラで照らしウナギを捕るなど、毎日飛び回っていた村上少年。ボタヤマに登っては、ボタの中からまだ家の燃料として使える石炭を探し、ひろっていた。その少年の目に筑豊はどう映ったか。

「炭鉱夫らは褌《ふんどし》一丁で、黒くベタベタした身体で坑口から出てくる。50〜60人は入れる大きな風呂があって、私が見にいったら背中に刺青《いれずみ》を入れた人がいっぱいいいた。私はその人たちから『マーちゃん』とかわいがられていた。（強制労働で）朝鮮から連れてこられた労働者もたくさんいた。私ら子供はわけ隔てなく遊んでいた。炭鉱ではめずらしいことではなかった」

村上は穏やかな表情で述懐するのだった。

「炭鉱に落盤、浸水、火災はつきものだ。小さい炭鉱ほど事故は多い。落盤があると、誰しもが坑口に駆けつけた。坑口にみんなジッと目を据えて、死んだ炭鉱夫が暗い坑口から運ばれてくると、わんわん声をあげて泣き叫んでいた。子供心にも、『なんで、こんな目に遭わなきゃならないのか』と感じた……。ドン底だった。

いまも心に焼きついていることがある。寒い冬の日だった。近くの、朝鮮から来た労働者が風邪をひいて仕事を休んでいたら、労務係の男が寒い外に引っ張り出したんだ。そして木刀でその労働者を何度も叩いていた。叩く男は日本人だ、日本人。『よくも、そんな酷《むご》たらしいことを』と子供心にも憤ったものだ。朝鮮人は叩かれながら、『アイゴー、アイゴー』と声をあげて泣いていた」

村上は「日本人だ、日本人」と声を荒らげた。いまでも「アイゴー」という叫び声とともに朝鮮の労働者を叩いていた男の顔が悩裏に焼きついているという。

炭鉱夫を父に持ち、ボタ山を眺めながら育った村上は、新潟県に生まれた角栄に自身と重ね合わせた境遇を感じとったのではないか。それは土着というべきものかもしれない。私は2001年冬、角栄の娘・田中真紀子を知るため新潟県の山奥で聞いた古老の言葉が忘れられない。

「越後の人は、投票のときにエンピツで『田中』と書きたいんです、『田中』と。下の名前は、誰だっていいんだ。仮にな、真紀子でなくたっていい。皆、角サンへの恩義を返したいんです。雪深い山間部ほどその気持ちは強い。赤ん坊が高熱を出して医者に診せようにも、トンネルさえあれば30分とかからないで行けるのに、トンネルがなくて、ガッポ、ガッポと腰までつかる雪の中を一日かかって歩いてさ。母ちゃんの背中で赤ん坊が冷たくなって死んでいた。本当にあった話だ……。角サンは、そんな貧乏な村にトンネルを引いてくれたんだ」

角栄の政治だ。「雪は何万年も昔から降っている。春になれば解ける」と言って村の人々の陳情に取り合わなかった中央官僚に、「雪は災害だ」と認めさせた角栄。だから恩義がある。「田中」と書きたい。そう願う人が数多く残った。これが角栄の遺産だった。

参議院の法皇の「遺言」

1976年、ロッキード事件が起き、角栄は外為法違反で東京地検に逮捕され、1983年、懲役4年、追徴金5億円の判決が下された。このとき、孫（真紀子の長男）の雄一郎は11歳だった。正月、東京・目白の田中邸新年会では、角栄のあぐらの中に雄一郎がおさまっていることがあった。角栄は、ある旧知の新聞記者を前にこう語っていた。

「オレは朝からダイコンおろしで磨りおろされようとも、世の中がオレに『金権政治家』と提灯行列をしようとも、何ということはない。ただ、孫の雄一郎がオレのことでいじめられ（学校の）、体育館の裏で砂をかけられるのだけはつらい。本当につらい」

その角栄の系譜に連なる派閥・平成研は青木幹雄一人によって、角栄政治とはほど遠い集団に切り裂かれ、変質した。その参議院にあって、青木を引き立て、陰のキングメーカーとしてのし上がらせるきっかけをつくった責任は、村上にもあるのではないか。私はあえて村上に、「青木を生んだ責任はないのか」と質《ただ》した。村上は一瞬、怪訝な表情で私を見てから、こう言った。

「青木を生んだ責任は、もちろん私にもある。しかし、無位無冠の私には、いま為《な》す術《すべ》がない。責任といっても、君にこうやって本心をさらけ出すことが私の責任の取り方だ。私はいつ死んでも不思議ではない。残したいんだ……この世に真実を残していきたいんだ」

村上は突然、椅子から立ちあがり、声高に「残していきたい」という言葉を繰り返すのだった。瞠目した顔には鬼気迫るものがあった。

「大問題になっている『後期高齢者医療制度』は、小泉純一郎の『郵政解散』で3分の2の議席を奪い、数の力で強行採決（06年6月14日）したものだ。力を貸したのは青木だ。青木がいなければ（再選で）小泉は生まれなかった。ガンでいうなら前期、後期、末期がある。『後期高齢者医療制度』の後期は、末期の一歩手前だから死ねということか。75歳以上の高齢者は国に逆らうなということか。血も涙もない。責任をいうなら官僚よりも政治家だ」

村上は激高した。

「岩をよじのぼり、這いあがってきた首相は竹下まではないか。後は（首相の座を）闘い取ったのではない。まさか、まさか（この政治家が首相に）という時代に入っている。小泉、安倍、福田と何の苦労もせず、派閥から送り出された世襲議員だ。だから、青木のような人間が跋扈《ばっこ》する。角サンは異色だった。気迫とロマンにあふれ、熱かった。学ぶべきものがあった。私は角サンのような政治家にあこがれた。幸せな時代だった」

村上は陰のキングメーカー・青木の危険な存在と参議院が政争の主戦場と化していることに警鐘を鳴らし続けた。これが「参議院の法皇」と呼ばれた男が私に残した遺言だった。

「私は75年の生涯と政治生命をかけている。最高裁は私の上告に対し、何ら見解を示すことなく『棄却』の二文字で裁判に幕を下ろした。この事件を風化させてはならない。この身が白骨と化しても、真実は必ず歴史の法廷で明らかにされるものと信じたい」

２００８年5月9日、村上は奈良県・吉野にいた。その吉野で村上は5月10日、心境をエンピツで走り書きした俳句に託した。

国取りや　青葉煌《きらめ》く　吉野山
髪を切る　吉野行宮　五月かな

２００８年4月27日のことだった。後期高齢者医療制度が争点となった衆議院山口２区補選で、自民党は民主党候補に惨敗し、福田政権に危機感がひろがった。その投開票日の夜、青木と森は蠢めいていた。

「『敗色濃厚』となった（4月）27日午後7時、首相公邸に2台の車が滑り込んだ。自民党の森喜朗元首相と青木幹雄前参院議員会長で、出たのは約2時間半後。重鎮2人が駆けつける光景は政権の動揺を物語るかのようだった」（毎日新聞08年4月28日付）

２時間半にも及んだ会談で、青木と森を前に福田は、「何があっても絶対に衆議院解散と内閣総辞職はしない」と明言したという。

理由はひとつ、衆議院の議場で与党の持つ3分の2の議席を失うことが怖ろしいから、しがみついていくしかないというのだ。しかし、これほど無謀なことがあるだろうか。権力を持つ者にとっては「天国」で、持たざるものは政権選択の自由すら奪われた「地獄」ではないか。図らずも、青木と森が自民党の命運を左右するポジションにいるということを裏づけたようなものだ。

森から小泉、安倍、福田と4代にわたって続いた「清和会政権」。その陰の功労者として青木は、我が世の春を謳歌してきた。森は青木のピエロだと村上は言った。首領・青木幹雄はだから怖ろしい。自民党をも食いつくす「逆臣」の男ではないか。

あとがき

新潟県のＪＲ長岡駅から車で1時間弱で着く山間《やまあい》の里、西山町。田中角栄の生まれ育った実家がある。その家には角栄が54歳で総理になった１９７２年、「総理大臣がなんぼ偉かろうが、あれは出稼ぎでござんしてね。アニ（角栄）もそう思うとります……」と語った母・フメ（78年4月、86歳で死去）が長く住んでいた。２００1年の冬、西山町のある町議は私にこんな情景を述懐したことがあった。

角栄が総理になる直前のことだった。村で法事があった。フメは朝早くから法事のある農家に来て、薄暗い板張りの台所にチョコンと座り、ジャガイモの皮を剥いていた。

「フメさん、仏様のいる座敷で休んでくださいな」

そう声をかけると、フメは頭を下げながら、こう言ったという。

「どんぞ、ここに居させてください。こんなバアちゃんで悪いけど、セガレが世話になった仏様だ。オラができることはイモの皮剝きぐらいだから」

総理といえども出稼ぎで、そのセガレが世話になった仏様のため、イモの皮を剝く――。私はその母親の姿に人間・田中角栄の真髄を見た気がした。喜怒哀楽が激しく、絶大な権勢を振るった異能の政治家・角栄。彼は自民党最大派閥・田中派になぜ人が集まるのかを問われ、こう語っていた。

「一番満たされるグループということなんだなあ。（田中派には）多彩な専門家が寄っている。総合病院だよ。診てもらいたい医者、少しぐらいわがままの言える看護婦のいる所へ、人が集まるのは自然でしょ。僕らの集団は『時間が来たから（医者が）帰る』ということはないし、相手が頼めばちゃんとやるだけの温かみがある」（日本経済新聞82年1月15日付）

角栄は田中派を総合病院にたとえた。しかし、角栄を源流とするその派閥は青木幹雄という男一人によって、かつての面影は跡形もなく変質を遂げた。角栄の総合病院という、ある意味、情を感じさせるような意識は、青木にない。青木の最大の関心事は、自身が頂点に立つピラミッドが存在するかだ。自民党の密室政治の〝ドン〟でもある。彼とかかわった人間は、竹下登、小渕恵三、橋本龍太郎と、けっして自然な死に方をしていない。むしろ苦しんで逝ったと言っていい。野中広務は絶縁し、村上正邦は私に「遺書」を残して収監された。

だが、青木と正面から闘い、不幸にして悲惨な事故で亡くなった人がいたことを私は忘れられない。

1983年4月、青木は島根県議会議員選挙で大社町を選挙区に、5期目の立候補をした。4

期まで青木は無風状態だった。5期目の青木に反旗をひるがえしたのは、日本共産党の前大社町議・川上英治である。時の政権は中曽根康弘内閣。選挙結果は有効投票1万947票のうち、青木8350票、川上2597票だった。「青木王国」の大社町で青木に対する批判票を約2600票も出したのだから、地元メディアも目を剝く川上の大善戦だった。

しかし、それから2年4ヵ月経った1985年8月12日、川上はいまもって記憶に生々しく残る「日航ジャンボ機墜落事故」に遭遇した。524人を乗せ群馬県御巣鷹の尾根に墜落した羽田発大阪行き日本航空123便で520人が犠牲になり、川上（当時41歳）、妻・和子（39歳）、次女・咲子（7歳、小学1年）が還らぬ人になった。北海道の雪印乳業争議団が催した「北海道夏の旅」のツアーに参加し、『蟹工船』で知られる作家・小林多喜二の碑がある小樽など道内各地をバスで旅行。その帰路、大阪に住む川上の姉を訪ねる途中での事故だった。

憶えているだろうか——。奇跡的に助かった4人の生存者のうち、墜落現場から自衛隊のヘリコプターで吊りあげられた少女がいた。川上慶子（当時12歳、中学1年）で、川上夫妻の長女だった。川上慶子は8月19日、入院中の国立高崎病院の看護婦長を通じて行われたインタビューで、こう語っていた。

「隣に何かタオルみたいなものが見えて、お父ちゃんが冷たくなっていた。左手が届いたので触ったの」

——助けられた時は何を思った？

「お父ちゃんたち、大丈夫だったかなあとか」

——ヘリコプターで吊りあげられる時の気持ちは？

「出される時ね、咲子がベルトで縛られているところが見えたから、大丈夫かなーと思った」

長男の川上千春は事故当時、中学2年で、クラブ活動のため自宅にいた。千春は「ぼくの宝石」と題し、このような詩をつくっていた。（一部抜粋）

母さん　寒くはありませんか……
そこで　あなたの笑顔はいつも消える。
母さん　淋しくありませんか……
しかし
僕のなかにあなたはいつも生きている。
母さん　もう夜はふけました——
あなたはどうか先に休んでください
僕はもう少し頑張ります。
明日のために

あなたにもらった宝石を失わぬために。

（追悼文集『やまなみのかなたへ』より）

青木幹雄は川上英治のことを、無理にも記憶の彼方に押し込めようとしてきたのかもしれない。彼が参議院議員に転身したのは、この事故から1年後のことだった。

野中広務は2008年4月10日、東京・日比谷の特派員クラブで講演。自身の戦時体験から、青木と一体となった「郵政選挙」で自民党、公明党で衆議院の3分の2の議席をとった小泉純一郎をこう批判した。

「（小泉は）日本の政治を根底から変えていく勇猛果敢な、しかも短い言葉でわかりやすく1日2回語ることによって、国民の圧倒的な人気を得ることができました。元来島国であります日本人は、短い言葉に弱い民族なんです。かつて戦争中において、『ほしがりません、勝つまでは』。食糧難がだんだん出てくると、中央から『ほしがりません』、食糧がどれだけ不足して食べられなくとも、私たちは戦争に勝つまではほしがりません。あるいは『一億火の玉』。国民が火の玉になって、そしてこの戦争に当たりますとか。こういう短い言葉に弱い人間になったわけであります」

さらに野中は後期高齢者医療制度について、いちだんと甲高い声で批判。

「最近、後期高齢者の保険証で問題になっておりますけれども、私もあの保険証を頂きましたけれども、見るだにびっくりして腹が立ちました。早く死ね。そういう保険証を手にしながら、なんて情けない国になってしまったんだろう。こういうところに自分たちの考えが行かないのか。私はそのような悲しさを覚えた」

持てるものと持たざるもの、富めるものと富まざるものの差別は続いてはならない。

本書は第1章から4章まで『月刊現代』2006年1月号から4月号まで連載した「逆臣――青木幹雄と平成研のタブー」に大幅に加筆・修正し、終章は書き下ろした。連載に当たっては、『月刊現代』編集長・髙橋明男、同副編集長（当時）瀬尾傑、ジャーナリスト・阿部崇の協力、また単行本では知人の菅紘、元木昌彦らの励ましがあった。担当の生活文化局の木村圭一のバックアップにあらためて感謝したい。さらにこの単行本は長い闘病の末、1月8日に逝去した友、鈴木智之（当時講談社広報室長）に捧げたい。

執筆に当たり、各紙誌を参考にさせていただいた。主な参考文献は次の通り。

五百旗頭真・伊藤元重・薬師寺克行編『森喜朗　自民党と政権交代』（07年／朝日新聞社）、五百旗頭真・伊藤元重・薬師寺克行編『野中広務　権力の興亡』（08年／朝日新聞社）、魚住昭『証

言　村上正邦　我、国に裏切られようとも』（07年／講談社）、鈴木宗男『闇権力の執行人』（06年／講談社）、東京新聞取材班『自民党 迂回献金システムの闇――日歯連事件の真相』（05年／角川学芸出版）、橋本久美子『夫　橋本龍太郎　もう一度「龍」と呼ばせて』（07年／産経新聞出版）、福本邦雄『表舞台　裏舞台　福本邦雄回顧録』（07年／講談社）、野中広務『老兵は死なず――野中広務　全回顧録』（05年／文春文庫）、朝日新聞社会部編『日航ジャンボ機墜落――朝日新聞の24時』（90年／朝日文庫）、川上夫妻を偲ぶ文集刊行委員会編『追悼文集　やまなみのかなたへ　川上英治さん　和子さん　咲子ちゃんを偲ぶ』（91年）。

２００８年６月

著者

著者略歴
松田 賢弥（まつだ・けんや）
ジャーナリスト。1954年、岩手県に生まれる。現在、『週刊現代』『月刊現代』を中心に執筆活動を行っている。故・小渕首相元秘書官のNTTドコモ株疑惑をはじめ、政界について多くのスクープ記事を執筆。『週刊現代』誌上で、赤城徳彦農水相（当時）の事務所費問題をスクープ。同相辞任のきっかけをつくる。
著書には『闇将軍　野中広務と小沢一郎の正体』『無情の宰相 小泉純一郎』（以上、講談社＋α文庫）がある。

逆臣《ぎやくしん》　青木幹雄《あおきみきお》

2008年6月26日　第1刷発行

著　者　松田《まつだ》 賢弥《けんや》

カバー写真　時事通信社

装　幀　鈴木成一デザイン室

発行者　野間佐和子

発行所　株式会社 講談社
東京都文京区音羽2-12-21　〒112-8001
電話　編集部／03-5395-3532
販売部／03-5395-3622
業務部／03-5395-3615

印刷所　慶昌堂印刷 株式会社

製本所　黒柳製本 株式会社

落丁本・乱丁本は購入書店名を明記のうえ、小社業務部あてにお送りください。

送料小社負担にてお取り替えいたします。

なお、この本についてのお問い合わせは、生活文化第三出版部あてにお願いいたします。


ISBN978-4-06-214445-2